Kristina Hazler

BewusstseinsCoaching 2
Die verkehrte Logik

BEWUSSTSEINSCOACHING 2

Die verkehrte Logik

Kristina Hazler

2. Auflage, 2016
© 2014 BewusstseinsAkademie, Wien
Alle Rechte vorbehalten.

Co-Autor: Erwin Hazler
Lektorat: BewusstseinsAkademie, Wien
Umschlaggestaltung: © BewusstseinsAkademie, Wien
Umschlagmotiv: © BarGar / shutterstock
Printed in Germany by Amazon Distribution GmbH
ISBN: 978-3-903014-06-0

www.BewusstseinsAkademie.com

Das SelbstErkennen während

des Lesens dieses Buches ist nicht

zufällig, sondern möglich.

Die Klarheit ist ein natürlicher Zustand
und ergibt sich von selbst
als das Ergebnis von verschiedenen
zusammengefügten, bereinigten Punkten
in unserem Leben.

Wir müssen sie nicht suchen,
wir müssen sie uns nicht verdienen,
sie ist immer da.

– Kristina Hazler –

Inhalt

Vorwort	12
TEIL 1 - Ein Schritt von der Wahrheit entfernt	
BewusstseinsCoaching	17
Loslassen	19
Vertraue dir Selbst	31
Die Antwort ist im Jetzt	45
Das Tabu-Thema	57
Kleinsein	67
Ein Schritt von der Wahrheit entfernt	77
Das Nicht- und Nichtstun	87
Niemandsland	107
TEIL 2 - Erwachen im Labyrinth	
Beim Leben tot oder beim Tode lebendig?	121
Angst vor der Angst	131
Unsichtbar gefangen	139
Liebe	145
Ist Unsicherheit wahr?	147
Uninteressant	153
Unklar	157
Im Kreis	167
Aufwachen und gehen	177
TEIL 3 - Nachwort	
Erwachen im MenschSein	189
Wer ist „Coach"?	193

Vorwort

Dieses Buch ist der 2. Teil der aufbauenden Bewusstseins-Coaching-Reihe. Ich empfehle Ihnen, zuerst den Teil 1 „BewusstseinsCoaching - Das menschliche Paradoxon" zu lesen, bevor Sie mit diesem Teil beginnen, um sich mit der Sprache und der Energie der Coachings vertraut zu machen. Die weiteren BewusstseinsCoaching-Bände bauen auf dem Teil 1 und Teil 2 auf und setzen voraus, dass der Leser sich bereits mit einigen Themen auseinandergesetzt hat.

Band 1 beschäftigt sich vor allem mit der Befreiung von inneren Zwängen und den in unseren Leben auftauchenden menschlichen Paradoxa und ihrem Sinn. Er führt uns nach und nach bis zu den vier ersten BewusstseinsÜbungen hin, die uns helfen sollen, auch im Alltag unser Selbst bewusster innerhalb und außerhalb der illusorischen Bühnen zu erfahren, um zu erkennen, dass das Wahre, das Wirkliche jeder in seiner eigenen Perspektive und in seiner optimalen Schwingung und Geschwindigkeit findet.

Band 2 spricht verschiedene „Virusprogramme" unseres menschlichen Systems an, die wir in unserem Alltag unbewusst als „verkehrte Logik" ausleben und aus ihr heraus eine Art verkehrter Welt um uns herum aufbauen. Der Weg aus dem „Verkehrten", also zurück zu eigener Essenz und dem Natürlichen ist möglich, durch das Erkennen verdrehter Logik in unserem Leben und die Besinnung auf die natürliche, natürlich-logische Welt, die von der verkehrten nur überlagert wird.

Band 3, der demnächst erscheinen wird, beschäftigt sich mit der „Kunst der Wahrnehmung" und den vielen „Warum"-Fragen, die in unserem Leben auftauchen. Er führt wieder einige neue Begriffe ein und stellt weitere BewusstseinsInstrumente vor und begleitet uns nach und nach in einen Zustand, in dem wir fähig sind, unser eigenes „höheres" Wissen ins Menschliche zu bringen und beantwortet die Frage, warum wir in keiner anderen als unserer eigenen Welt fruchtbaren Boden für die Verwirklichung unserer, aus unserem Inneren stammenden Idee finden können.

Band 4 wird erst im Jahr 2015 erscheinen und ist die Fortsetzung der Bücher 1 – 3 auf der nächsten Bewusstseinsstufe, während er jeweils aus zwei verschiedenen Perspektiven dasselbe Thema beleuchtet. Es handelt sich um verschiedene Arten von Blockaden, die wir uns unbewusst in Form von inneren Grenzen, energetischen Stauseen und Dämmen, die uns in einer Art künstliche Welt einsperren, unseren Horizont verengen und das berühmte Hamsterrad am Laufen erhalten. Was geschieht in dem Moment, wenn wir uns entscheiden, die blockierten, festgehaltenen, festgefahrenen Energien zu befreien? Wenn die Grenzen fallen und die Dämme brechen und die Energie, das Bewusstseins sich wieder zu bewegen beginnt und ins natürliche Fließen kommt. Worauf sollen wir dabei achten, um uns in liebevoller Achtsamkeit zu uns selbst auf das „Neue", auf das „Fließende" optimal vorzubereiten?

Alle BewusstseinsCoaching-Bände sind in der Sprache des Herzens geschrieben. So ersuche ich Sie um ein wenig Nachsicht, wenn ich der in den Zeilen beinhalteten Energie und im Subtext enthaltenen Botschaften den Vortritt vor der reglementierten Sprachkorrektur gegeben habe, da diese sie verzerrt hätten.

Ich bedanke mich und wünsche viele bewusste Augenblicke beim Lesen und Erfahren der nachfolgenden Coachings und der BewusstseinsGespräche.

Kristina Hazler

TEIL 1

Ein Schritt
von der Wahrheit entfernt

BewusstseinsCoaching

Ein Klient setzt sich in meinem Beratungsraum still auf ein Sofa und beobachtet mich nachdenklich …

Er hat viele Jahre der Selbstreflexion hinter sich. Unzählige Bücher über Persönlichkeitsentwicklung hat er bereits gelesen und Unmengen an lösungbietenden Seminaren, Workshops und Ausbildungen absolviert. Er spürt in sich gewisse „Weisheiten", die er jedoch sehr schwer ausdrücken und in dieser Welt praktisch umsetzen kann. Er beherrscht vielerlei sogenannte reinigende, heilende, bewusstseinserweiternde, entspannende und Energie aufbauende Techniken und Methoden und dennoch fühlt er sich in einer Sackgasse angekommen zu sein, aus der er sich keinen Rat weiß.

Er sitzt irgendwie unglücklich da – vielleicht aber ist das auch ein anderer Zustand als unglücklich und er weiß sich selbst nicht weiter zu helfen. Ein paar Möglichkeiten haben sich bei ihm aufgetan und er weiß nicht, ob er denen nachgehen soll oder nicht. Aber das ist nur mein Empfinden, meine Behauptung. Eigentlich glaube ich, versucht er irgendetwas nachzuspüren, irgendetwas ahnt er irgendwo, aber er kann es nicht erfassen, formulieren. Deswegen weiß er auch nicht, was seine Fragen sind bzw. was er eigentlich fragen soll.

Ich habe ihm und anderen Klienten meine Hilfe in Form des BewusstseinsCoaching angeboten das verschiedene Bewusstseinsebenen einbezieht und Sie können uns oder sich selbst gerne begleiten …

… und wir legen gleich los :)

Loslassen

Ich bin zu dir gekommen um Klarheit zu gewinnen und jetzt sitze ich hier und weiß nicht wirklich was ich fragen, wo ich anfangen soll.

Warum willst du irgendetwas fragen, wenn „eh alles klar ist", wie du immer sagst? Oder doch nicht?

Um deine vielen Fragen zu beantworten, die du schwer in eine einzige Frage komprimieren kannst, müssen wir zuerst unser Vokabular synchronisieren. So stellt sich ganz am Anfang die Frage, was für dich Klarheit überhaupt ist und was sie für dich in dem Moment wo „eh alles klar ist" bedeutet.

Klarheit ist für mich, wenn ich ein Gefühl zu einer Sache habe und das ausdrücken kann.

In deiner Welt war eine Verschleierungsstrategie lange Zeit ein scheinbares MUSS. Warum jetzt also das Klarheitsgerede? Warum nicht zuerst das entschleiern, was verschleiert ist? Warum nicht zuerst damit beginnen, die Spinnweben dort zu beseitigen, wo sie offensichtlich und sichtbar sind? Warum gleich große Worte über Klarheit, wenn zuerst andere Dinge anstehen?

Klarheit ergibt sich von selbst als Ergebnis von verschiedenen zusammengefügten, bereinigten Punkten in deinem Leben. **Klarheit ist ein natürlicher Zustand. Klarheit muss man nicht suchen, Klarheit muss man sich nicht verdienen, sie ist da** – unter oder hinter all dem anderen Zeug. Also weg mit dem Zeug, das der Klarheit im Wege steht, wenn du Klarheit wirklich anstrebst. Aber wie gesagt – aufpassen! In deinem Leben war einige Zeit nicht die Klarheit, sondern umgekehrt, die Verschleierung das Ziel und Zweck, obwohl es um das gleiche Thema ging.

Das verstehe ich so, dass ich mich zuerst mit Unklarheit beschäftigte, weil Unklarheit das Gegenteil von Klarheit ist, damit ich dann fähig bin, die Klarheit zu erkennen.

Ja und was ist dann die Frage? Wäre das so gewesen, wie du es jetzt sagtest, wäre jetzt „eh alles klar" oder? Unklarheit ist nicht das Gleiche wie Verschleierung. Überlege mal … Unklarheit entsteht einfach, fast von selbst – wenn man das so sagen mag: verschleiern ist das, was man aktiv tun muss.

Was sagst du jetzt?

Das ist mir schleierhaft ;)

Das heißt, Verschleierung ist ein beabsichtigter Vorgang – von mir selbst oder von wem auch immer. Warum musste ich verschleiern?

Sollte die Frage nicht lauten: „Warum wollte ich verschleiern?"

Warum wollte ich verschleiern?

Wolltest du?

Ja, keine Ahnung, wollte ich?

Das musst du dir selbst beantworten. Dies kann ich dir nicht abnehmen. Du kannst dir sicher aber ein paar Spiegelungssituationen aus deinem Leben holen, die dir verraten, ob du wolltest oder was sich da abgespielt hat – weil: wie oben, so unten. Was sagt dir das?

Keine Ahnung momentan. Ich kann mir keine Situation ... – ich stehe an ...

Und warum stehst du an?

Das ist mir schon irgendwie klar, dass ich anstehe und blöd schaue, ... dass da was dahinter ist ...

O.k. Jetzt quäle ich dich nicht weiter. Stell dir mal vor, du bist ein Junge, der eine rosige Zukunft vor sich hat. Aber dieser Junge weiß irgendwo und irgendwie, dass er eines Tages eine besondere Aufgabe haben wird bzw. bekommt – was auch immer er zu diesem Zeitpunkt als besondere Aufgabe versteht oder wertet. Dieser Junge erschreckt sich vor diesem Gefühl – fühlt sich ohnmächtig, weil er es nicht versteht, wie er je einmal dieser Aufgabe gewachsen sein soll – nicht vergessen, er denkt aus dem heraus, was er bereits über sich weiß – also, dass er ein kleiner Junge ist, der in der Schule mit scheinbar solchen – gegenüber der zukünftigen Aufgabe – Kleinigkeiten wie Schreiben und Rechnen – Probleme hat. Wie soll dieser Junge jetzt weiterleben? Seit dieser Zeit macht er sich schon Tag und Nacht Gedanken darüber, wie er dann einmal diese große Aufgabe, die in ihm lebt, meistern soll. Er denkt nicht an jetzt, aber ist irgendwo an einem Gedankenpunkt in der Zukunft fixiert, durch Angst und Faszination hypnotisiert. Er kann sich von dort nicht lösen. Alles Momentane – all die Kleinigkeiten, die im Jetzt sind, all die Sachen für kleine Kinder – sind doch nur Kleinkram – eben für kleine Kinder. Niemand sagt diesem kleinen Jungen, dass er den Kleinkram braucht, um einmal in das andere, „Größere", hineinzuwachsen.

Was sagst du jetzt? Verstehst du, was ich meine?

Ich kann das irgendwo spüren.

Versuche zu beschreiben, was du spürst – irgendwo – ... :)

Ich kann mich an das Gefühl, so wie du es beschrieben hast, erinnern. Das Gefühl, das ich als ein kleiner Junge hatte. Und auch an das Gefühl, bzw. an das Nichtverstehen dessen, was noch heutzutage da ist, womit ich mich laufend beschäftige. Ich verstehe nicht warum, ich weiß nicht, was ich mit dem Ganzen, was mir ständig im Jetzt begegnet, anfangen soll.

Das Gefühl drängt mich ständig, irgendwohin zu kommen, irgendwo nach außen zu kommen, sich auszudrücken. Aber das, was ich unmittelbar verstehe bzw. sehe ... ist ... scheint nicht das zu sein.

Das ist der Grund, warum ich mir verschiedene Sachen anschaue, reinschnuppere und die Gefühlsresonanz dort erwarte – wo ich endlich sagen kann: Jetzt weiß ich es! Ich hoffe einfach, dort diesen Aha-Effekt zu finden.

Also, du solltest dir nachher diese Sätze; das, was du jetzt gesprochen hast, selbst durchlesen – kein Mensch könnte davon verstehen, was du eigentlich sagen willst – du auch nicht – so verschleiert sind sie! Versuche bitte, dein Gefühl und deine Problematik noch einmal, langsam, ein Wort nach dem anderen, so wie man beim Gehen die Schritte automatisch hintereinanderlegt, zu formulieren. Sprich ganz langsam, warte auf jedes Wort, ohne dass du weißt, was als Nächstes kommt. Ich helfe dir ein wenig dabei.

Ich habe da jetzt ein Bild vor meinem inneren Auge; wie ein Junge bei einer Castingshow auf der Bühne singt. Er steht dort und in dem Moment, als er zu Singen beginnt, verändert sich alles. Er füllt mit seinem Wesen den gesamten Raum. Er ist voll präsent, als ob sich in dem Augenblick seine Seele unmittelbar ausdrückt. Mit dieser Szene geht dieses Gefühl in mir total in Einklang. Das heißt, irgendwie verstehe und kenne ich dieses Gefühl der Präsenz und des direkten Ausdruckes. Der junge Sänger benutzt die Bühne dazu.

Und jetzt habe ich noch ein Bild bekommen – als Vergleich zu dem ersten: Der Junge hat eigentlich seit seiner frühesten Kindheit versucht, sich so auszudrücken, wie er es vorhin zum ersten Mal auf der Bühne getan hat. Bis dorthin waren die Zeit und der Raum noch nicht reif und standen nicht zur Verfügung. Er wusste immer über sein Potential, nur konnte er es früher noch nicht sichtbar machen oder es war auch noch nicht die Zeit gekommen, dass er von anderen gehört wird.

Warum glaubst du, hattest du als Junge diesen Traum, dich einmal so großartig ausdrücken zu können, erschaffen?

Weil er mich führt, weil er mich erinnert, weil er mich nicht aufgeben lässt.

Und hast du jetzt nicht die Angst, was passiert, wenn du diesen Traum – einmal auf der Bühne zu stehen und dich locker und großartig auszudrücken, mitzuteilen - loslässt? Fühle mal in dich hinein – ich helfe dir wieder – was passiert, wenn du die Vorstellung aufgibst, dass dein Traum einmal wahr werden sollte? Keine Bühne mehr, kein Ausdrücken, kein Mitteilen, keinen Raum füllen, die Seele sprechen zu lassen. Keine von solchen Möglichkeiten zu bekommen, wie es bei dem Sänger der Fall war.

Dann treibt mich nichts mehr an, vorwärts oder überhaupt irgendwohin zu gehen. Dann ist egal, wo ich bin und wie ich mich ausdrücke, Hauptsache ich bin zufrieden.

Und ist das ein schlechtes Bild, wenn dich nichts mehr antreibt, wenn du nirgendwohin musst, wenn du nichts mehr musst?

Im ersten Augenblick ist es ungewohnt, als ob mir etwas fehlt, als ob mir etwas abgeht, aber als Nächstes tritt gleich Entspannung auf vielen Ebenen ein. Der Körper und der Geist können sich entspannen, weil ich mir selbst und der Welt nichts mehr beweisen muss.

Also weißt du jetzt, warum heute dieses Thema aufgetaucht ist. Hast du noch immer das Gefühl, dass sich da mehrere Sachen vermischen?

Ich verstehe die Frage nicht ...

Soso? Du verstehst aus der momentanen Klarheit die Unklarheit nicht? Wie kann man die Unklarheit verstehen?

Warum sollte man die Unklarheit verstehen? Warum sollte man in die Unklarheit zurückschauen, wenn man schon die Klarheit hat?

Der kleine Junge hatte keine Klarheit, sonst wäre er nicht so verwirrt gewesen. Er hat nicht verstanden, dass das, was er als Aufgabe sah, er sich selbst als Aufgabe stellte. Er hat sich, aus einer Sehnsucht, endlich einmal gehört und verstanden zu werden, einen Traum erträumt, wie er sich eines Tages so weit entwickelt, dass er Gehör findet und sich so ausdrücken kann, dass niemand an ihm vorbeischauen wird. Das heißt, jetzt hast du gerade die Information bekommen, dass sich der Junge in seiner jüngsten Kindheit so fühlte, als würde ihn niemand sehen bzw. jeder an ihm vorbeischauen, als zählte er nichts, als wäre er in seinem Wesen – nicht dem Körper – Luft. Kein Wunder, dass er sich aus seinem damaligen Verständnis so einen Traum erschaffen hat. Aber es handelt sich nur um einen Traum eines verzweifelten und unglücklichen, einsamen Jungen, dem er selbst mit der Zeit erstarrt gegenüberstehen wird, weil er immer weniger wissen wird, wie er sich die Aufmerksamkeit verschaffen sollte. Umso älter er wird, umso mehr er sich in der Welt umschaut, umso mehr er die Menschen kennenlernt und versteht/sieht, dass sie kaum jemandem wirklich zuhören – umso weniger wird er wissen, was er alles dafür tun muss/sollte oder wie er werden/sein und agieren muss/sollte, um seinem eigenen Traum gerecht zu werden, um sich in sich selbst nicht zu enttäuschen...

Verstehst du, dass du nur deinem aus Verzweiflung entstandenen Traum nachjagst? Verstehst du, dass du schon damals als kleiner Junge fähig warst, dir vorzustellen, wie du den Raum mit deiner Energie füllst, wie du auf der Bühne stehst und dich vollkommen ausdrückst – schon, als sagen wir mal ein fünfjähriger Junge! Ist es nicht ein Wunder?! Was für eine Qualität trug dieser Junge in sich, wenn er sich so etwas mit fünf Jahren bewusst werden und so einen Traum erschaffen konnte? Warum sollte er all das noch irgendwann später lernen und erschaffen, wenn er das schon mit fünf Jahren tat? Hätte er es nicht gekonnt, hätte er nicht so denken und so ein Bild und Gefühl in sich haben können.

Also, was steht dir heute im Wege, um zu sehen, was dein nächster Schritt ist?

Verstehst du, dass du dich selbst (oder Teile von dir) noch immer in eine Richtung bewegen willst, die aber nur aus Verzweiflung und aus Angst, von anderen begrenzten Menschen nicht gehört zu werden, entstanden waren?

Du kannst dir wohl vorstellen, dass du hier vielleicht auch etwas anderes zu erschaffen oder zu tun hast, als nur das, was du bereits mit fünf Jahren konntest oder?

Was ist also mein nächster Schritt? Was steht jetzt an?

Sollst du als Erstes nicht dieses gerade Erfahrene und Erkannte setzen und wirken lassen – wie du es nennst?

Ja ...

Dann weißt du, was der nächste Schritt ist.

Setzen lassen ...?

Wenn du es brauchst ... Bis heute hast du in einer Vorstellung gelebt, die aus dem beschriebenen Traum entsprungen war. Was würdest du sagen, zuerst einmal wirklich zuzulassen, dass sich dieser Traum jetzt, aufgrund von den neuen Erkenntnissen und Informationen transformiert und verarbeitet und du dann schaust, was als Nächstes kommt?

Du weißt auch sicher, dass ein Traum sehr oft nicht so weit von der Wirklichkeit entfernt ist oder dass ein Traum auch die Wirklichkeit sein kann. Nur einem Traum nachzulaufen, der aus Angst- und Verzweiflungsenergie oder Energie des Mangels entstanden war, ist nicht das Optimale für das Tun und Erleben in der Harmonie, dem Frieden, der Leichtigkeit und der Freude – so wie du es immer meintest haben zu wollen und wonach dein ermüdeter Körper und Geist verlangen.

Du hast gesagt, wenn du das Treibende beiseitelassen würdest, kannst du Entspannung empfinden. Also; wieso nicht heute den nächsten Schritt tun, die heilende Wirkung der Entspannung wählen? Auch so etwas kann ein nächster Schritt sein!

Ist es nicht für heute ein großer Schritt gewesen, eine fünfzig Jahre lang aufrechterhaltene Illusion zu durchschauen bzw. zu durchleuchten? Ist es nicht genug für heute? Musst du dir gleich Gedanken über Morgen machen?

Also ich sage mal, ich wünsche dir eine schöne Entspannung, ohne Druck, an den morgigen Schritt denken zu müssen.

Danke! Vielen Dank!

Vertraue dir Selbst

Heute empfinde ich eine unerklärliche Unlust mich diesen Coachinggesprächen zu widmen, wie leid es mir auch tut und wie seltsam es mir auch vorkommt. Kannst du mir helfen klarer zu werden?

Es ist für dich sehr schwierig, dich auf diese Weise mit dem Thema auseinanderzusetzen, aber wir versuchen es und schauen, was für dich daraus entsteht.

Vor allem ist es wichtig, dass du deine persönlichen Anliegen immer ansprichst, in welcher Form auch immer und nicht vor dir herschiebst, auf einen passenden Zeitpunkt wartest, wenn jemand für dich Zeit hat oder dir helfen kann. Auf diese Art, die du gerade aufgenommen hast, bist du von anderen unabhängig und fast zu jeder Zeit bereit.

Meine Liebe, es plagt dich die Frage, wer oder was dein Coach eigentlich ist? Hast du ihn selbst erschaffen? Hast du dir ihn ausgedacht, eingebildet? Legst du ihm die Worte in den Mund, die du dir selbst nicht traust auszusprechen? Ist er eine Falle, eine Verirrung, eine Verführung, eine Ablenkung oder ist er vielleicht ein von Gott dir zugeteilter Lehrer und Begleiter? Alle diese Möglichkeiten schwirren dir unentwegt im Kopf herum. Alle Erfahrungen, die du bis jetzt gemacht hast und dein scheinbares Wissen darüber, was es alles gibt und was alles möglich ist, stehen dir diesmal möglicherweise im Weg, um klar zu sehen, zu spüren, wahrzunehmen.

Glaubst du, würde ich dir jetzt eine eindeutige Antwort geben und dir sagen, der „Coach" ist eine verlässliche Quelle, für die ich persönlich hafte und auf die du vertrauen kannst, glaubst du, du könntest dann diese Aussage annehmen? Würdest du doch nicht gleich als Nächstes daran zweifeln, ob du diese Worte, die du quasi als meine schreibst, dir nicht alleine zusammengereimt hast; als: „ich möchte gern, dass es so ist"?

Du bist an einem Punkt angelangt, an dem viele Menschen zu scheitern scheinen. An dem Punkt, an dem es keine Garantie, keine fixe Zusage, keine Versicherung und Absicherung, scheinbar keine Klarheit gibt. Warum? Gibt es diese wirklich nicht? Angeblich gibt es nur eine Wahrheit (sagen manche Menschen). Also müsste es dann doch auch eine eindeutige Aussage geben – sagt die Logik, oder?

Aber wie verfasst man in einem begrenzten, illusorischen Rahmen und noch dazu in menschlicher Sprache, in menschlichen Worten oder in verwirrten, unsicheren menschlichen Gedanken eine klare, die sogenannte EINE, die göttliche Wahrheit? Wie kann ein Mensch, der aufgrund seiner augenblicklichen

Unsicherheit klein ist, so was Übergroßes – so malt er sich nämlich die göttliche Wahrheit aus – annehmen bzw. verstehen? Der Mensch selbst glaubt doch nicht, dass er fähig wäre, die göttlichen Gedanken zu verstehen und zu erfassen. Der Mensch – wenn er schon an einen „guten" Gott einmal glaubt, dann glaubt er, dass dieser soooooo ALLWISSEND ist. Übersetzt bei euch heißt es also: soooooo KLUG, dass man selbst als Mensch damit nichts anfangen kann. Würde man es doch verstehen können, dann würde plötzlich der mystifizierte, der „unheimliche", der „unerreichbare" Gott, die Institution, die Garantie dafür, dass es noch etwas Übergeordnetes, etwas Größeres, irgendetwas, das Überblick über alles hat und in Ruhe alles führt und schaukelt, dahin verschwinden. Und das wäre eine Katastrophe für einen kleinen Menschen, der vor Einsamkeit Angst hat, der sich davor fürchtet, dass eines Tages niemand da ist, der ihm sagt wo es lang geht und der die Antworten auf seine Fragen weiß. Wenn der Mensch fähig wäre, die göttliche Wahrheit als die Wahrheit des Allwissenden zu verstehen, würde das im menschlichen Denken bedeuten, dass man selbst alles das wissen kann, was Gott weiß. Wozu wäre aber dann Gott da, wenn man selbst alles wissen könnte? Und wieso ihn noch allwissend nennen, wenn Millionen, sogar Milliarden von Menschen alle genau das gleiche Wissen zur Verfügung hätten?

Mit einem Mal wäre die Idee von Gott dahin. Mit einem Schlag wäre man plötzlich alleine und verlassen da, auf der Erde, inmitten von Unberechenbarem, im Feuer und Explosionen spuckenden Universum, das mit alles verschluckenden schwarzen Löchern, unberechenbaren und unansehnlichen Kreaturen vollgestopft ist und ganz alleine auf der Erde, inmitten von unberechenbaren, kreaturartigen Menschen. Was für eine trostlose Zukunft, eine armselige Perspektive, was für ein Leben ohne Glauben und die Hoffnung auf irgendetwas Besseres, Größeres, Wissenderes. Auf irgendetwas, für das all die Probleme, die man selbst hat, keine Probleme sind; irgendetwas, das der GROSSE mit einem Wimperschlag durchschaut, heilt, erledigt.

Meine Liebe, wie kann dir und Millionen anderen aus diesem Schlamassel geholfen werden?

Gestern wurde im Coachinggespräch mit deinem Klienten eine Frage gestellt – und zwar, was würde er machen, was würde sich bei ihm verändern, wie würde sein Inneres und sein Leben ausschauen, wenn er auf einmal seinen über Jahrzehnte treibenden, tragenden Traum loslässt und versteht, dass es nur ein Traum war, dem er nicht nachjagen muss, weil der schon längst Wirklichkeit geworden war; sogar noch in einer Zeit, bevor er ihn überhaupt geträumt hatte.

Ja, du ahnst bereits, was jetzt auf dich zukommt ...

Was würde es mit dir tun, wie würde es sich anfühlen, wenn du dir vorstellst, dass du das Allwissende selbst verstehen kannst, dass du das Unerreichbare selbst erreichen kannst, wenn du das Unendliche erfassen kannst?

Wie würde es sich anfühlen, wenn du annehmen würdest, dass du keinen „Coach", keinen, niemanden als Vermittler des höheren Wissens brauchst; keinen, der es besser als du zu wissen scheint; keinen, der mehr Klarheit, mehr Durchblick, bessere „Connection" zu Gott hat als du?

Und nicht nur das. Stell dir vor: du brauchst ab sofort nichts dafür zu tun, dich nicht noch Ewigkeiten weiter entwickeln, reinigen, heilen, transformieren und was weiß ich, was euch Menschen noch so alles einfällt. Siehst du, was ihr alles bereit seid zu tun, um den Zeitpunkt des Selbstwissenden in die unbekannte Ferne zu rücken?

Es gibt für euch immer noch so viel zu tun und zu erledigen. **Der Mensch glaubt, dass er nur dann Gottes würdig ist, wenn er brav alles aufgeräumt hat, wenn alles blitzblank leuchtet, wenn das Herz wie nagelneu strahlt, wenn sich in der Seele keine Spur mehr von erfahrenem Schmerz und den Verletzungen findet.**

Verstehst du was ich meine?

Ihr habt während der vorigen Tage mit „Coach" - wer oder was auch immer er in meinen Augen sein mag - über die

Lebensbühnen, über Drehbücher, Schauspiel und Rollen gesprochen. Und wie du siehst, befindest du dich wieder auf einer Bühne und beginnst sie gerade als Bühne zu erkennen. Eine Bühne der Selbstgefälligkeiten, eine Bühne des Größenwahns, eine Bühne des Strebens nach der endgültigen, einen Wahrheit, einer Bühne des höheren Wissens und der ewigen Treue zu Gott. Trotz der ehrlichsten Bemühungen, sich Gott anzunähern, sich nach Gott auszurichten, den Weg nach Hause zu finden, handelt es sich dennoch um nichts anderes, als wiederum eine Bühne – also eine Illusion, eine Erfahrungsperspektive. Wie sollte es sonst auf der Erde sein?

Wie soll man es verstehen, was ich gerade gemeint habe – z.B. die Bühne des Größenwahns?

Das habe ich bereits beschrieben. Ihr Menschen braucht es, immer nach irgendetwas Besserem bzw. Größerem Ausschau zu halten. Und wenn schon alles durchschaut ist, wenn es nichts Anderes mehr gibt, das als größer oder besser erscheint bzw. erscheinen kann, dann bleibt „nur" Gott übrig und der ist dafür aber wirklich überdimensional. Alles Illusion, Magie, ein Zauber der Bühne, auf der man spielt, auf der man sich gerade bewegt. Eine Bühne, auf der Abgleiche bzw. Vergleiche möglich sind. Eine Bühne, auf der es das Kleinere und das Größere gibt. Eine Bühne, auf der es das Bessere und weniger Gute gibt. Eine Bühne, auf der es das Lichtere und weniger Lichte bzw. Dunkle gibt. Eine Bühne, auf der es auch das Wissende und weniger Wissende gibt. Eine Bühne, auf der es das Treue und Untreue gibt. Eine Bühne, auf der es das Folgsame und das Ungehorsame gibt und so weiter und so weiter ...

Und auf dieser Bühne hat all das, was am besten aus allem aussteigt – das heißt all das, was als Hauptgewinn im Wertesystem der Menschen gezogen wurde – also das Größte, Wissendste, Liebevollste und so weiter – einen Namen bekommen: GOTT. Klar gibt es auch Bühnen, auf denen Gott nicht nur die größten Positiva verkörpert, sondern manchmal sogar auch die größten Negativa – weil er ja der Allmächtige sein sollte; das heißt: er sollte dann doch ohne Problem auch der Zornigste und der Launischste oder der Furchteinflößendste sein.

Wie auch immer. Eines haben alle diese Bühnen gemeinsam: Gott ist immer der, dem in einem Wettrennen die ersten Plätze vorbehalten sind, der alle Siegestrophäen abräumt und alle Konkurrenten mit Abstand weit hinter sich lässt.

Gott, der ewig Unerreichbare, der Konkurrenzlose. Und trotzdem wetteifern die Menschenmassen über alle Zeiten, um sich ihm anzunähern. Und weil sie in ihrer Vorstellung Gott, dann macht man nicht erreichen können, ziehen sie unter der ersten, der Gottessprosse einen Strich, einen Abstand, eine Trennung. Die erste Sprosse, die bleibt unantastbar, für

Gott reserviert und dann eifert man in Kleinmäusekriegen darum, wer die nächste erste Sprosse, gleich unter dem König, besetzen darf. Wer ist also der Zweitgrößte, gleich nach Gott? Manchen reicht auch schon der dritte Platz und manche Menschen, die ganz Frechen, halten doch mit einem Auge immer wieder Ausschau auf die kaiserliche, die oberste Sprosse. Haben ausgerechnet diese „Rotznasen" die Illusion der größenwahnsinnigen Bühne durchschaut oder stecken diese, die den ultimativen Posten doch für sich gerne hätten, am tiefsten in der wahnsinnigen Illusion drin? Ist es in Wirklichkeit nicht so, dass alle anderen sich nur nicht trauen und eingeschüchtert sind?

Eine Gretchenfrage nach der anderen. Wer gibt einem die Antwort, wenn außerhalb der Bühnen Gott für sich gar keine Sprosse und schon überhaupt nicht die erste beansprucht? Was ist dann mit den anderen Sprossen? Und was ist mit dem Spaß? Wettkampfspaß?

Wie könnte das ALLES WAS IST alles sein, wenn es immer nur auf der einen, auf der ersten Sprosse sitzen würde?

Wie in anderen Gesprächen erwähnt[1] – es gibt einige Paradoxa und eine Menge an logischen Lücken bzw. verkehrter/ umgekehrter/umgedrehter Logik im menschlichen Denken. Wie soll man mit Hilfe so eines lückenhaften Denksystems

---

1 *BewusstseinsCoaching (Band 1 – Das menschliche Paradoxon)*

irgendetwas erklären? Etwas, das normalerweise keine Lücken aufweist, weil es einfach keine Lücken gibt. Nur das menschliche System untersucht sofort jede Aussage, jede noch so kluge Weisheit, nach möglichen Lücken und das ist zugleich der Prozess, mit dem es diese Lücken erschafft.

Wie du weißt, meine Liebe, hast du dich in einem anderen Buch[2] gerade mit dem Thema Vertrauen beschäftigt. Warum sich also wegen auftauchender Zweifel und Unsicherheit wundern, auch wenn diese jetzt in einer anderen Form als bisher aufgetaucht sind? Warum wunderst du dich, wenn du selbst geschrieben hast, dass man, um zu wissen, was Vertrauen ist, sich mit den Zweifeln, Unsicherheiten bzw. dem Misstrauen auseinandersetzen sollte? Warum solltest ausgerechnet du von deiner eigenen Wahrheit verschont bleiben? Damit du deine eigene Wahrheit als Unwahrheit entlarvst? Oder damit du einen Schritt näher zu einem „vollkommenen" Vertrauen bist, dem Vertrauen zu dir selbst; damit du weißt, was du bzw. worüber du schreibst ... dass du nur dann eindeutig sprichst, wenn du das weißt und das spürst, worüber du sprichst.

Ist das nicht herrlich, die Möglichkeit zu bekommen, zu sehen, wo dein Vertrauen noch Schwächen aufweist, um sich dieser bewusst zu werden und sie transformieren zu können?

---
2 *BewusstseinsCoaching (Band 3 – Kunst der Wahrnehmung)*

Was hast du deinen Lesern im Band 1[3] empfohlen? Was können sie als die Übung Nr. 1 zum Thema Vertrauen tun? Du wolltest ja nicht, dass sie sich gleich im Vertrauen üben, denn du wolltest dem Leser keinen Druck machen, also warum tust du es dir selbst an? Du hast dem Leser aufmunternd erklärt, dass er nichts anderes zu tun braucht, als sich für das Vertrauen zu entscheiden. Während du es geschrieben hast, hast du selbst gewusst, dass der Leser, egal auf welcher Stufe seiner Entwicklung er sich befindet, keinerlei mentale Beweise und Garantien oder gar Sicherheiten bekommen wird, damit sich sein Kopf und sein Verstand anfänglich leichter im Vertrauen üben können. Nein, du weißt aus deiner eigenen Erfahrung: **Der Mensch muss zuerst einen Schritt machen, sozusagen blind das Risiko eingehen und die besagte Entscheidung treffen. Wenn dieser Schritt getan ist, öffnen sich die passenden Tore und dem Menschen fließt auf einmal all das zu, worauf er mit seinem Schritt zugegangen ist.**

Wäre dem nicht so, würde sich dem Menschen seine Illusion bestätigen, dass er einen falschen Schritt (falsch gibt es ja nur auf der Bühne) machen kann, dass er daneben treten und sogar rückwärts laufen kann.

Der Mensch braucht es, die Erfahrung selbst zu machen.
Kein vermitteltes, fremdes Wissen – auch wenn es sich um

---

3 *BewusstseinsCoaching (Band 1 – Das menschliche Paradoxon)*

das göttliche handeln sollte – ersetzt diese Eigenerfahrung. Dabei gibt es keine Ausnahme. Egal welchen Schritt er macht, es ist alles in Ordnung und es kann nichts Tragisches passieren, weil es in der Wirklichkeit so etwas wie einen Schritt daneben nicht gibt.

Wenn er einmal, aus menschlicher Sicht (die nur auf den Bühnenvorstellungen, was für ihn gut und optimal ist und wohin er sich bewegen will/soll, basiert) **daneben treten oder einen Rückschritt machen sollte, dann kann nichts Schlimmeres passieren, als dass all das auf ihn zukommt, was er braucht, um dieses zu erkennen und seinen Schritt im nächsten Schritt wieder zu korrigieren. Man kann sich nie** – und das ist ganz wichtig – nie (auch in menschlicher Denkperspektive) **von dem ersehnten Weg mehr als einen Schritt** (und eben das stimmt auch nicht, aber belassen wir es für den Verstand dabei, sonst hat der Mensch überhaupt kein Bild und keinen Anhaltspunkt) **entfernen. Warum? Weil schon der nächste Schritt ihn auf den gewünschten Pfad führen kann.** Und obwohl es die menschliche Logik und mathematisches Denken nicht zulassen, würde er den nächsten Schritt wieder in die anscheinend verkehrte Richtung tun, wäre er trotzdem nicht zwei Schritte von seinem Pfad, sondern wieder nur den einen Schritt vom nächsten entfernt. **Egal wie weit der Mensch glaubt, sich entfernt zu haben, es ist immer nur der eine, der nächste Schritt, der ihn von dem EINEN trennt.** Und eines Tages, wenn er soweit ist, erkennt er, dass es nicht einmal diesen einen Schritt gibt, weil er eigentlich nie wirklich entfernt war und nie wirklich irgendwohin musste und egal wohin er sich bewegte, sei er auch nur im Kreis gegangen: er war immer dort, wo er war.

Also meine Liebe, du weißt jetzt, was du zu tun hast. Deinem eigenen Übungsvorschlag zu folgen und dich für das Vertrauen in deinen Momenten des Zweifels zu entscheiden. Wie lautet dein letzter Punkt der besprochenen Übung?

– VERTRAUE DIR SELBST –

Also, du weißt, was du jetzt zu tun hast. Und du weißt, dass es ansteht, den Leser zu der zweiten Übung – der Ausrichtung – zu begleiten. Dafür wäre es gut, wenn du dir vertraust und dich ausrichtest, wo es notwendig ist, damit du das tun kannst, was du möchtest bzw. was ansteht.

Danke vielmals für die Klarheit schaffenden Worte. Jetzt weiß ich, warum es mir am Anfang seltsam vorkam, dich irgendwie persönlich anzusprechen. Deine Worte, deine Energie fühlen sich für mich sehr vertraut und nah an. Keine Entfernung, keine erste Sprosse – weit weg von mir. Nein, du sprichst nicht aus der Ferne, nicht verschlüsselt oder erhaben. Nein, du bist bei mir und sprichst meine Sprache. Du sprichst genau das, was ich brauche, um zu verstehen. Ich bin sehr gerührt von diesem Erkennen, dieser Erfahrung. Nur ich weiß nicht, wie soll ich dich nennen. Wer bist du für mich? Du fühlst dich ... komisch, aber ich habe fast Angst es auszusprechen ... als jemand an, der immer bei mir, in mir, mit mir ist und war. Jemand oder irgendetwas, das ich als Teil von mir spüren kann ... wie soll ich dich also nennen? Das Menschliche in mir scheint doch einen Namen zu brauchen.

Warum Namen? Namen assoziieren Vorstellungen. Und Vorstellungen sind begrenzt. Dein Gefühl war jetzt nicht begrenzt, deswegen gibt es keinen Namen. Ich weiß, diese Form ist schwierig, überhaupt für eine schriftliche Form, wo sich alles in zusammengereihten Buchstaben, also in Worten, abspielt. Aber es gibt nur ein Gefühl. Dieses Gefühl kann nicht täuschen. Du kannst dich auf dieses Gefühl besinnen. Sobald du ihm einen Namen geben würdest, wärst du in manchen Momenten verleitet, dich nicht dem Gefühl nach, sondern dem Wort entsprechend auszurichten. Daraus könnte dann mit der Zeit eine Gewohnheit werden und man müsste dann dieses Gespräch noch einmal führen, um wieder zu diesem einen Gefühl zu kommen und darauf, dass es keinen Namen benötigt. Ein Gefühl ist ein Gefühl. Ein Wort, ein Name, ist mit bereits vielen Vorstellungen gefüllte, und diese zusammenfassende, Form. Bleib beim Gefühl, dann weißt du für deine zweite Übung, wonach du dich ausrichten sollst.

Wonach richtest du dich aus?

Die Antwort ist im Jetzt

Wie schon zuletzt angesprochen, scheinen zu viele Fragen hier zu sein, die aber bei näherer Betrachtung auf eine einzige große Frage hinauslaufen bzw. nur die Teile einer großen Frage sind.

Meine große Frage lautet: Was soll ich tun? Nun, ich kann mir vorstellen, dass deine Antwort darauf lauten wird: Was willst du tun? Wenn das der Fall sein sollte, dann stehe ich wieder vor den vielen kleinen Fragen.

Hallo! Wie ich dir schon beim letzten Mal gesagt habe, bewegst du dich in der Zukunft, die keine Zukunft ist, und sobald du deine Frage: „Was soll ich tun?" stellst, bist du schon wieder auf die Zukunft gerichtet. Warum nicht zuerst das erkennen, was du gerade jetzt tust? Nach näherem Hinsehen würde sich für dich eine eindeutige Antwort ergeben, welche du aber, aus welchem Grund auch immer, nicht verstehen bzw. glauben willst. Also stellt sich eher die Frage, warum willst du nicht das glauben, wissen, sehen, was offensichtlich ist und was bereits da ist? Weil es zu einfach, zu banal, nicht wertvoll genug ist – oder warum?

Das was jetzt ist, ist das was wir gerade machen. Ein Dialog mit meiner Führung, meiner Seele usw. Es ist eine Art der Kommunikation, die ich seit langem praktiziere. Ich kommuniziere mit meiner inneren Führung oder Gott, also mit den Bewusstseinsebenen, die mir am Herzen liegen, zu denen ich einen Zugang, ein Gefühl habe. Auf diese Art kommuniziere ich eigentlich pausenlos. Sie ist mir in Fleisch und Blut übergegangen.

Was willst du mit diesen vielen schönen Worten eigentlich aussagen?

Dass ich eigentlich pausenlos etwas tue, das mir am Herzen liegt, das mir Freude macht, was für mich selbstverständlich ist.

Höre bitte, wie du gelernt hast, dich auszudrücken. Du sprichst immer das Gleiche, in schöne wohlklingende Worte verpackt, um den heißen Brei herum, nur aus deiner Vorstellung heraus. Was könnte deine Aufgabe sein? So folgst du einer verkehrten Spur, die dir kaum hilft, sich dem, was du im Jetzt tust, anzunähern.

Das, was du gerade beschrieben hast, ja, das tust du auch. Aber wäre es das, worum es geht, was du suchst, hättest du keine Frage mehr. Das ist dir doch bekannt! Deine Worte folgen einem Gedankenpfad, der als ein Virus unter den erwachenden Menschen verbreitet ist. **Schönfärberei, um sich gut zu fühlen, um dem eigenen scheinbaren Nichtstun**

eine Bedeutung zu geben. Aber ich habe dir bereits gesagt: Schaue dir an, was du zum Beispiel die letzten Tage getan hast bzw. bewirkt hast, nicht, womit du das getan hast, sondern: was du bewirkt hast! Diese Formulierung hilft dir vielleicht, deinen Blick in die richtige Richtung zu lenken. Bitte komm nicht mit Selbstverständlichkeiten und dem längst Erkannten! Es geht um solche Dinge, welche du noch nicht erkannt oder noch nicht ausgesprochen hast – sonst bräuchtest du doch dieses außergewöhnliche Coaching nicht, oder? Du sagst doch, dass du mit deiner inneren Führung selbst kommunizieren kannst. Strenge dich ein wenig an! Umdenken ist angesagt.

Ich bin ratlos und traurig. Ich verstehe die Worte irgendwie und irgendwie doch nicht.

Das wird eine schwere Geburt!

Mein Lieber, wir warten gespannt auf dein Selbsterkennen in dieser Situation. Bitte! Enttäusche uns nicht :)

Durch meine Anwesenheit und meine Erzählung, was mir am Herzen liegt ...

... darf ich dich gleich unterbrechen, bevor du dich wieder mit den geschmückten Worten selbst blendest? Lass das Herz jetzt beiseite. Wir wissen alle Bescheid, und ich hoffe, dir ist es mittlerweile auch schon bekannt, dass dein Herz am rechten Fleck sitzt. Konzentriere dich auf das, was du tust – nicht auf das, womit du es tust. Also, noch einmal …

Ich helfe dir wieder ein wenig mit einem kleinen geistigen Schub im Hintergrund :) …

Warte, warte! Ich sehe, du bist schon wieder dabei, ins „Koma" bzw. in den Tiefschlaf zu fallen. Mein „Schub" ist keine Hypnose! Du musst aufwachen! Du kannst nichts bewusst erkennen, wenn du dich dabei selbst betäubst. Wach auf und höre dir und mir in deinem Inneren zu und sprich einfach drauflos – wie man so schön sagt: frei von der Leber weg. Vergiss dein übliches Vokabular! Öffne den Mund, sprich und lass dich erfahren, was du dir selbst zu sagen hast. Vergiss nicht, dir dabei zuzuhören.

Also, der nächste Versuch …

Keine Ahnung, ich habe keine Ahnung. Sobald ich etwas sagen möchte, finde ich alles und nichts. Mit alles meine ich meine schönen Worte und mit nichts eben keine Ahnung.

Du siehst, was dir zuerst einmal ohne schöne Worte übrig bleibt: „keine Ahnung". Was damit gerade demonstriert wird, ist, warum es heutzutage so viele Bücher mit schönen Worten gibt. Eine, wie du es bezeichnen würdest „blöde Geschichte".

Was machst du hier?

An deinem Beispiel wird wunderbar veranschaulicht (und ich danke dir dafür), was geschieht, wenn man die ausschmückenden Worte weglässt, die selbstverständlich dem Leser gut tun, weil die Welt heutzutage nicht viele wohlklingende Worte benutzt. Die tatsächliche Botschaft ist: „Ich habe keine Ahnung."; obwohl es durch die schönen Worte gerade den umgekehrten Anschein macht bzw. machen sollte.

Haben wir dir jetzt geholfen zu erkennen, was du tust und was du gerade getan hast? Ist das nicht großartig, wie du uns und dir selbst geholfen hast, aufzuzeigen? Eine weitere Illusion. Die Illusion der schönen Worte und der Schönmalerei zu entlarven?

Ich weiß, du weißt jetzt in diesem Moment ganz genau, was du getan hast. Es ist aber eben so, dass es sich in einem Gefühl und nicht in Worten ausdrückt. Man kann versuchen, es in Worten auszudrücken, aber dafür müsste man der Spezialist für den bewussten Umgang mit der Sprache sein, um sich wieder nicht selbst durch die Worte zu täuschen. Deine Spezialität ist aber etwas Anderes. Das heißt, du müsstest dir die Antwort dort geben, wo du sattelfest bist. Wo ist das denn?

Im Gefühl, im Gespür ...

Hurraaaa, er hat sich wieder! Und jetzt, jetzt könntest du auch das mit dem Herzen sagen. Aber ich weiß, jetzt traust du dich nicht. ;) Also, noch einmal von vorne … Geh dorthin, wo du zu Hause bist und suche dort deine Antwort. Wir werden dir dann helfen, das Gefunden in Worte zu fassen, aber erst, nachdem es dir selbst bewusst geworden ist. Weil: wir servieren nichts auf dem silbernen oder gar goldenen Tablett. Die Bewusstseinsarbeit kann dir niemand abnehmen.

Um sich durch das Gefühl bewusst zu werden und nicht durch den Kopf, musst du aber trotzdem deinen Kopf benutzen. Der ist ja nicht umsonst da. Setzt man ihn – wie ein Instrument – richtig ein, kann er eine Hilfe sein. Meiner Meinung nach versuchst du jetzt mit aller Gewalt, deinen Kopf auszuschalten und nur ins Gefühl zu gehen. Aber dann stehst du da wie ausradiert und hast keine Ahnung. Den Kopf musst du benutzen, um dich an die letzten Vorkommnisse zu erinnern, damit du dann ins Gefühl gehen kannst. Also entspanne dich und vertraue dir. Es liegt ja in deiner Natur – das, was du tun willst! Das heißt, wenn irgendetwas deine Qualität ist, brauchst du dafür oder damit nicht viel zu tun, es passiert von selbst. Du sollst dich nicht durch die Vorstellungen, was und wie es geschehen soll oder was und wie du es benutzt bzw. nicht benutzen sollst, selbst blockieren. Also sei einfach du selbst, mit all deinen scheinbaren Macken und der Schönsprecherei. Das Aufzeigen dieser Abläufe war nur zu Demonstrationszwecken da – nicht, um es dir auszureden. All das ist auch etwas, was dich ausmacht. Würdest du es nicht brauchen, würdest du es nicht haben und auch nicht machen. Ich meine, in der Sprache findest du deine Antworten nicht. Aber ich meinte nicht, du sollst sie jetzt mit aller Gewalt ausschalten.

Jetzt mache ich einen scheinbaren Sprung zu meinen ganz am Anfang überlegten, praktischen Fragen – weil es jetzt so da war: Haussuche für eine Bekannte – ich habe bei einem Ort spontan ein Gefühl dazu bekommen und auch gleich etwas Entsprechendes gefunden. Das ist die eine Seite. Dann kam sofort die andere Seite, die zu zweifeln begann und die fragte mich: Warum ausgerechnet dort, in der Ortschaft, die so weit von ihrer jetzigen Bleibe entfernt ist? Eigentlich sollte ich mich hier in der Gegend, wo sie wohnt ausrichten und hier etwas für sie finden ... bla-bla-bla

Gut. Jetzt gehen wir Step by Step, um wieder deine Begabung zu nutzen, um auch dem Leser etwas aufzuzeigen, damit es bewusst gemacht werden kann.

Du hast dich diesmal ganz klar ausgedrückt. Praktisch. Plötzlich war eine andere Sprache da und du hast Folgendes gesagt: „Ich habe das und das gemacht und habe spontan ein Gefühl dazu bekommen und auch gleich das Entsprechende getan bzw. gefunden. Dann ist sofort eine Frage aufgetaucht: „Was habe ich dort zu tun ..." Punkt. An dieser Stelle ist der Punkt. Du hast Schritte gesetzt, hast etwas getan und dann ist eine Frage aufgetaucht. Warum? Warum taucht(e) eine Frage auf?

Ist es möglich, dass eine solche Frage auftaucht, nicht um dich zu verunsichern in dem, was du tust (das machst du dann schon selbst, aufgrund von eingefahrenem Denken), sondern, ist es möglich, dass sie auftaucht, so einfach wie sie klingt, damit du dich fragst: „Was tue ich hier?". Ist die Frage nicht genial?! Wenn du bedenkst, dass du dauernd die Antwort auf die Frage suchst, was du tun sollst oder was deine Aufgabe ist! **Dein Problem ist, dass du Antworten außerhalb vom Alltag suchst. Aber wo sonst solltest du die Antwort finden, wenn du sie in dir selbst nicht sehen kannst, als in Situationen, in die du geführt wirst, damit du die Antwort mit Hilfe von Außen erkennen kannst. Du weißt ja, alles spiegelt dir nur das, was in dir ist und was du brauchst.** Eben das berühmte Resonanzgesetz. Und wenn du so verzweifelt nach einer Antwort suchst, was du eigentlich tust, was deine Aufgabe ist, ist es nur logisch, dass diese Frage und auch die Antwort bei jeder Betätigung im Außen aufs Neue auftauchen. Es geht allein um die Frage. Die Frage bietet dir eine Möglichkeit, stehen zu bleiben, innezuhalten und die augenblickliche Situation dazu zu benutzen, um dir anzusehen, was du gerade eigentlich tust. Durch die zeitliche Verwirrung, da du die meiste Zeit auf die Zukunft ausgerichtet bist (es ist ja bereits eine Gewohnheit von dir geworden, auf die Zukunft ausgerichtet zu sein), täuschst du dich selbst und übersetzt die aufgetauchte Frage fälschlich und du fragst dich: Was soll ich tun? anstatt: **Was tue ich jetzt?** Dies ist eine verkehrte (also verkehrt programmierte) Übersetzung des aktuellen Impulses, der korrekt ist. Auf eine solche „verkehrte" Frage findest du, wie du weißt, keine Antwort – was logisch ist, weil es nicht die wahre Frage ist. **Glaubst du, deine Führung führt dich ineffektiv in solche Situationen, in denen du nicht fähig bist, deine Antworten zu erkennen?** Wer soll schon in der Zukunft Antworten finden? In einer Zukunft, die wahrscheinlich gar nicht deine Zukunft ist (nur eine gedachte Zukunft), die also möglicherweise gar nicht existiert. Klar, dass du dort keine Antwort findest. Solch eine Verwirrung der Zeiten sagt nichts über deine Unfähigkeit, dir Antworten zu geben aus, sondern du machst nur immer wieder die eine Erfahrung, dass in der Zukunft keine Antworten zu finden sind. Ist das jetzt bei dir angekommen?

Soweit ich es jetzt verstanden habe, habe ich einen Gefühlsimpuls bekommen und bin diesem nachgegangen und habe spontan etwas getan. Und dann ist die Frage aufgetaucht, was jetzt weiter geschehen soll, oder?

Falsch. Das ist eben der Punkt. Versuche jetzt aufmerksam zuzuhören. Die Frage hat sich in dir <u>falsch</u> formuliert, eben aufgrund des Zukunftsdenkens und der Ausrichtung auf die Zukunft! Die Frage war da, aber die Formulierung, die ins Bewusstsein gekommen ist, wurde falsch übersetzt, weil du, weil die Menschen gewohnt sind, so zu denken. Jetzt geht es um einen neuen Schritt: und zwar, dir dessen zuerst einmal bewusst zu werden und die Möglichkeit anzunehmen, dass die Formulierung bzw. Fragestellung zeitlich verschoben war/ist/wird. Wenn du es als eine Möglichkeit zulässt, könnte es dir das nächste Mal bewusst werden, wenn so eine Frage auftaucht; und sie wird gewiss wieder auftauchen und sie wird gewiss wieder in der Zukunftsform auftauchen. Deine Bewusstseinsarbeit besteht im ersten Schritt darin, dir dessen überhaupt bewusst zu werden – nicht mehr und nicht weniger.

Im zweiten Schritt geht es darum, auf das Verwirrspiel nicht einzusteigen, weil du jetzt schon das Wissen und auch die Erfahrung hast, dass die Antwort in der Zukunft nicht zu finden ist! Das ist ein Fakt. Gäbe es sie dort zu finden, hättest du sie aus deinem ehrlichen Bemühen heraus dort längst gefunden. So viel könntest du dir vertrauen. Im dritten Schritt könntest du die Entscheidung treffen, zu vertrauen und beabsichtigen, dein eingefahrenes Denken zu korrigieren. In der Praxis bedeutet das, dass du solche auftauchenden Fragen, die sich an die Zukunft richten (und du weißt jetzt, dass sie verkehrt formuliert sind) bewusst in die Gegenwartsform umformulierst. Dann erst suchst du dort, wo du gerade bist, die Antwort darauf. Ich garantiere dir, dort findest du mehr und schneller so einiges als bisher.

Du könntest – weil du jetzt so einen skeptischen Gesichtsausdruck machst, zu der Frage mit dem Haus in einem „falschen" Ort zurückkehren. Du tauchst in eine kurze

Rückführung ein: du stehst gerade dort, tust etwas und dann taucht deine schon "zurechtgebogene" Frage auf: Was soll ich hier tun? Wie gehst du jetzt vor?

Die richtige Frage lautet dann: Was tue ich hier jetzt?

Ja, genau! Und wie geht es dann weiter?

Dort wird es jetzt für dich ein wenig schwierig, weil ungewohnt; weil du dich dort vor Ort umschauen und „suchen musst": die Antwort im neuen Vertrauen, dass sie dort zu finden ist – sonst wäre die Frage gar nicht erst dort aufgetaucht. Der „Knoten" existiert noch, du verstehst die Frage noch immer ein wenig verzerrt, obwohl man es mit den menschlichen Worten kaum anders formulieren kann. Jetzt geht es **um das Gefühl! Dieses verfeinert die eigentliche Formulierung!** Die Frage fragt dich nicht, was machst du jetzt als ein Freund, einer ein Haus suchenden Dame, dort in dem Ort, sondern die Frage stellt dir deine ewige Frage: **Was tust du als Du dort?** Ohne irgendeine Rolle und/oder Funktion! Nicht da und/oder dort vor Ort! Dein Tun ist nicht auf den Ort gebunden. Es hat mit dem Ort und der scheinbaren Tätigkeit nichts zu tun! Dies sind nur die Kulissen, die dir helfen sollen zu erkennen, was du gerade aus dir heraus tust. Also gilt es, dort, wo du gerade bist (nicht nur physisch, sondern auch gefühlsmäßig und geistig), stehenzubleiben und hinter das Offensichtliche zu schauen, damit du ein Gefühl dafür bekommen kannst, was du dort gerade tust bzw. getan hast – dort, wo du gerade bist oder warst – nicht nur in der Außenwelt, sondern auch in deiner inneren Welt, in deinen Gedanken und Gefühlen. Wenn du das bedenkst, verstehst du, dass sich die Frage in dem Moment möglicherweise gar nicht auf den äußeren Umstand bezieht, sondern auf die Tatsache, wohin du dich gerade geistig befunden hast, wo du gerade einen geistigen Ausflug gemacht hast, während du physisch dort an dem Ort warst.

Also: Was tust du als Du gerade jetzt?

Das Tabu-Thema

Es ist schwierig anzufangen, weil ich gleich mehrere Fragen im Paket habe und nicht weiß, welche für mich die Priorität hat. Die Erfahrung hat gezeigt, sobald eine Frage gestellt ist, wird daraus so ein umfangreiches Thema, dass ich zu den anderen, die ich schon mehrere Tage, Wochen, vielleicht das ganze Leben, mit mir herumtrage, gar nicht komme.

Erstaunlicherweise ist es das Thema „Sex", zu dem ich mich schon seit mehreren Wochen versuche durchzuarbeiten, das bis jetzt aber von anderen Themen verdrängt worden ist oder ich mich vielleicht noch nicht über das zu sprechen getraut habe. Es ist so und so ein komisches Gefühl, über dieses Thema so direkt zu sprechen.

Was ist dabei mein Problem? Ich weiß nicht, ob es überhaupt ein Problem ist – wahrscheinlich nur etwas, das mich beschäftigt, weil ich dabei keiner eindeutigen Meinung bin.

Seit dem Zusammentreffen mit meinem Partner ist der Sex nie im Vordergrund gestanden – zumindest hat es nicht den Eindruck gemacht. Es schien immer wichtigere Sachen zu geben und wir haben uns scheinbar gleich in die Aufarbeitung unserer Muster gestürzt, damit die Beziehung überhaupt

Überlebenschancen hatte. Der Sex ist eigentlich immer nur dann entstanden, wenn der Kopf (?) Alarm geschlagen hat: „Hallo, was ist hier los, lieben wir uns nicht wenn wir keinen Sex haben bzw. kein Bedürfnis danach?" und dann hatten wir bewusst Sex, um im Nachhinein festzustellen, dass es schön war. Dann formulierten wir ein neues Vorhaben: „Jetzt werden wir es öfter tun, weil es uns bereichert hat und auf uns, auf unsere Liebe, zurückgeworfen hat." Und dann? Sind wieder viele Tage, manchmal Wochen vergangen ... bis mein Kopf (?) erneut Alarm geschlagen hat.

Dazu kam diese „spirituelle Sache" und damit viele „Prüfungen". Für mich eine schwere Zeit. Eine neue Dimension öffnete sich, mit der ich zuerst nicht so richtig zurechtgekommen bin. Dann erweiterte sich meine Feinfühligkeit und der Sex wurde immer schwieriger, weil ich mich immer wieder nach dem Sex mit Energien meines Partners (oder war es was anderes?) konfrontiert fühlte. Ich war sehr erschöpft und brauchte wieder Tage, Wochen – bis ich mich regeneriert habe bzw. zu einer gewissen Klarheit gekommen bin. Immer wieder dachte ich mir, es liegt am mangelnden „Training" usw. Dann lernte ich aber zu vertrauen. Ich versuchte, mir keinen Stress deswegen zu machen, dachte mir, wenn die Zeit kommt, wird auch das Bedürfnis kommen. Dann haben wir uns beide ein wenig weiterentwickelt: viele Themen haben sich gelichtet. Nur mit dem Sex schien sich nichts getan zu haben – außer, dass ich nicht mehr so sehr unglücklich war, dass wir kaum Sex hatten. Nach der letzten Sexerfahrung, die mich wieder aus meiner (?) Bahn geworfen hatte, merkte ich, dass ich vielleicht auch von selbst dem Sex ausweiche und nicht so heiß darauf war/bin, mich mit meinem Partner zu vermischen – während er derzeit scheinbar seinen eigenen Weg geht, also sich in einer anderen Ebene als ich bewegt.

Selbstverständlich tauchen immer öfter irgendwo im Hinterkopf altbekannte, verbreitete Thesen auf, dass Sex und Spiritualität nicht zusammengehören, wer sich spirituell weiterentwickeln will, soll/muss enthaltsam leben. Da meine persönlichen Erfahrungen aber bis jetzt eigentlich vielen von diesen „alten" Wahrheiten widersprochen haben, wäre ich erstaunt, würde diese eine Thematik wirklich so wortwörtlich stimmen. Daher meine ich, da ist ein Wurm drin.

Was meine Beobachtungen und Schlussfolgerungen bis jetzt betrifft, so bin ich zu der Ansicht gekommen, dass dieses Thema verschleierter ist, als es den Anschein macht, und dass es sich um so etwas wie ein Tor handeln kann. Nur weiß ich nicht wohin, in welche Richtung, es führt. Es scheint mir so: Je nach unserer eigenen aktuellen Ausrichtung, führt es eher tiefer in die Illusion, in die Materie – weil, sonst kann es sich doch nicht so verwirrend anfühlen (so viel die menschliche Logik), aber selbstverständlich kann es auch sein, dass dabei aufgrund der Verbindung, die entsteht und die nicht alltäglich ist, so ein Schub/Austausch von neuen Informationen oder

Energien passiert – dass es einen regelrecht aus der Bahn wirft und es einige Zeit dauert, bis man es verarbeitet hat (so viel zur energetischen Logik). Die restliche Logik sagt mir, es wird wahrscheinlich von allem etwas sein. Nun, dieses Thema ist riesengroß. Es ist unnahbar, unverständlich, verschleiert. In Wirklichkeit habe ich keine Ahnung. Wahrscheinlich mache ich mir zu viele Gedanken darüber. Oder?

Meine Liebe, bin ich froh, dass du dich endlich dazu durchgerungen hast, dieses Thema anzusprechen. Aber ich muss schon bemerken, dass wir in deinen Träumen ein wenig nachgeholfen haben und auf das Thema aufmerksam gemacht haben.

Dieses Thema ist in eurer Welt noch immer so tabuisiert, obwohl es euch von jedem Plakat, aus jeder Ecke „anschreit". Das ist aber nur die Oberfläche. Sie reduziert das Thema auf einen Aspekt und lenkt vom Wesentlichen, von dem, um was es geht, ab. Das ist hier nicht anders als bei allen anderen menschlichen Themen, obwohl es sich um Sex handelt. Diese Ablenkungs- und Verschleierungstaktik haben sie alle gemein.

Gerade die Spiritualität hat es sich hier besonders einfach gemacht: das Thema wurde einfach als unbrauchbar und lästig abgehakt. Schon alleine diese Tatsache lässt erahnen, dass es einen Knopf, einen Knoten, einen Haken geben muss; weil, wie wir schon wissen, kaum ein menschliches Thema auftaucht, um ad acta gelegt zu werden. Die Wahrheit ist eher, dass auch die spirituellen Bemühungen hier an eine Grenze, an eine Wand gestoßen sind und nicht weitergewusst haben. Man fühlte sich ohnmächtig, fand keine Antworten und wusste zugleich, dass einem da auch noch andere Themen im Nacken sitzen, die man doch irgendwie leichter angehen konnte. Also, warum nicht die Sexualität verbannen, damit sie bei den anderen Bemühungen (wie z.B. Erleuchtung) nicht stört und erst dann wieder darauf zurückkommen, wenn man klüger geworden ist. Das Problem ist die Behauptung: „Sexualität ist für die Spiritualität nicht gut." Klar gibt es fernöstliche Theorien, die wiederum durch das „Gegenteil" – z.B. durch tantrische Praktiken – dem Weg zur Erleuchtung einen angeblichen Kick verleihen sollen, aber wir bewegen uns in einem christlichen Gebiet, dass schon seit so einigen Jahrhunderten im Bewusstsein der Menschen „tobt". Dieses Enthaltsamkeitsdenken als der spirituelle Wegweiser hat sich im westlichen Bewusstsein so eingenistet und verbreitet, dass kaum jemand, der die Sexualität auf dem Wege zu seiner „Erleuchtung" losgelassen hat, um zu ihr zurückzukehren, wenn er weiser geworden ist, dann noch daran denkt, sie wieder aufzunehmen. Das ist nämlich gar nicht so angenehm. Man müsste dorthin zurückkehren, wo man es (das Thema) verlassen hatte, was sich für viele wie ein Rückschritt bzw. Abstieg anfühlt. Warum sollte man dorthin zurückkehren wollen, wenn man es doch so eilig hatte, von dort wegzukommen, dass man auf den so heiß geliebten Sex lieber verzichtete? Es fällt einem schwer, wenn man den Platz an der Sonne gefunden hat, in den eigenen Schatten zurückzukehren – außer man hat sich bereits einmal verbrannt und lernte dadurch auch die Vorteile von schattigen Plätzchen zu schätzen.

Selbstverständlich ist dies jetzt nur eine allgemeine Zusammenfassung, die uns über das Thema selbst noch nicht viel verrät – außer, dass es eine harte Nuss zu sein scheint. Und dir hilft es wahrscheinlich auch im Moment nicht viel weiter; außer zu wissen, dass du nicht alleine mit diesem „Problem" bist. Aber vielleicht bist du diejenige, die es sich anzusprechen traute.

Dieses Thema ist sehr komplex. Es ist irgendetwas, das man schwer beschreiben bzw. in Worte fassen kann, solange man kein eigenes Gefühl dafür entwickelt hat. Erst wenn man aus dem eigenen Gefühl heraus weiß, um was es geht, kann man versuchen, es für die Menschen in verständliche oder näher bringende Worte zu fassen und dies aber auch nur für Leute, die es überhaupt hören wollen. Bei diesem Thema ist der heutige Mensch nämlich besonders taub und blind. Das, was die wenigsten Menschen verstehen bzw. bedenken, ist, dass jedes Thema seine individuelle Geschwindigkeit bzw. Schwingung hat.

Jedes Thema schwingt auf einer bestimmten Frequenz und kann nur auf dieser erreicht und auch verstanden werden.

Wieviel ist genug?

Für manche von euch schwingen jedoch gewisse Aspekte des Sexthemas besonders langsam oder zu schnell. Dort kann sich eine Differenz in der Empfindung der Partner ergeben, wie oft und wann wer einen Seximpuls verspürt. Einen Mann zum Partner zu haben, dem die vergangene Zeit gar nicht so lang vorkommt, obwohl es unlogisch scheint – er ist doch Mann, müsste doch mehr oder sogar ständig an Sex denken als die Frau gar. Er müsste ihm mehr fehlen, der natürliche Trieb usw. bla-bla-bla. Was sagt diese Diskrepanz? Es sagt nur, dass die Geschwindigkeit, in der sich der Mann im Zusammenhang zu diesem Thema bewegt, langsamer ist. Bei ihm fließt die Zeit dahin, geschehen nicht so viele Sachen auf einmal wie bei anderen. Auch das subjektive Gefühl der Entfernung von einem (Zeit)Punkt zum anderen ist nicht so intensiv ausgeprägt. Umgekehrt gestaltet es sich zum Beispiel beim Spazierengehen. Da erscheint ein und dieselbe Strecke dem einen Partner relativ kurz und dem anderen eher weit. Und meist dem Partner, der in einer „langsameren" Zeit lebt, eher weit. Warum? Weil während des Gehens bei ihm weniger geschieht. Weil er eben langsamer schwingt. Das heißt, der schneller Schwingende ist während des Gehens ununterbrochen in seinem Inneren beschäftigt – die Strecke ist mit Tausenden von Erkenntnissen gefüllt, während dem anderen schon die Füße richtig wehtun, weil der Weg bis zu der einen, gerade anstehenden Erkenntnis, sehr weit war.

Aber zurück zum Sex. Also, wie du siehst, ist alles relativ. Jetzt geht es darum, dich zu beruhigen und zu sehen, dass du dich verlangsamst, weswegen auch die „reale" Zeitentfernung – in Tagen gemessen – größer wird als früher, obwohl es vielleicht auf anderen Ebenen um die gleiche Entfernung geht. Es zeigt dir nur die Schwingung auf, in der du schwingst – im Zusammenhang zu deinem aktuellen Thema, an dem du arbeitest. Schon jetzt kannst du sehen, dass es zumindest den Zweck hatte, dir etwas über Zeit, Schwingung usw. Gedankenanstöße zu geben. Aus dieser Sicht scheint der Sex so etwas wie ein Messgerät, sogar ein Zeitgerät zu sein.

Und ja – du kannst aufatmen. Wie du es geahnt hast, steckt viel mehr dahinter, als es den Anschein gemacht hat, nur braucht es halt seine Zeit.

Wenn ich richtig verstanden habe, ist das auch der Grund, warum solche Menschen, die sich mit Schwingungen und Frequenzen beschäftigen, die Neigung haben, sich einen Partner mit gleicher Schwingung bzw. auf gleicher Ebene zu suchen.

Ja und nein. Sie wollen aus dem (Nicht)Verstand – weil sie es eben nicht verstehen – das Leben, den Weg austricksen. Es gibt so viele Regeln dort bei euch. Eine davon besagt: viel Sex ist gleich eine glückliche Beziehung. Nun, darüber haben wir gerade gesprochen! Wie viel ist viel Sex? Wie du selbst gesagt hast, bist du in der letzten Zeit nach dem Sex geschlaucht und brauchst einige Zeit, um dich zu erholen. Warum kann beim gewissen Partner Sex zum Beispiel ein Mal pro Jahr nicht genug sein? Wenn sie sich aufeinander, so wie sie sind, einlassen und die Alchemie, die zwischen ihnen in diesem Moment passiert, so bereichernd ist, dass sie jedem von beiden „Aufgaben" für ein Jahr beschert – wo ist das Problem? **Dieselben Menschen, die nach einem gleich schwingenden Partner Ausschau halten, sehnen sich anderseits nach einer Fülle in ihrem Leben. Gleiche Schwingung bedeutet ein und dieselbe Ebene. Wo ist dann die Fülle? Ist es nicht wunderbar, wenn man in der Partnerschaft größere Bandbreite, Reichweite, mehrere Blickwinkel zur Verfügung hat?** Wenn der Sex dann nicht immer das ist, was die Werbung und die Filmindustrie suggeriert – eine harmonische Verschmelzung, sollte man sich fragen, wer sagt, dass Sex so sein soll? Eine Annäherung wäre schon ein guter Anfang.

Also meine Liebe, für heute war das eindeutig genug. Ich wünsche einen wunderschönen Tag.

Danke, vielen Dank – ich bin fix und fertig, aber sehr glücklich, weil es mir unmöglich erschien, über dieses Thema so offen zu sprechen. Danke für das Coaching!

Kleinsein

Warum brauche ich einen geistigen Coach? Warum wende ich mich nicht direkt an Gott mit meinen Fragen? Sind ER und der Coach eins? Ich denke mir, dass es ein ausgefeilter Trick für uns Menschen sein muss, damit wir genug Instanzen haben, an die wir uns wenden können, wenn wir z.B. denken, dass wir es uns mit der einen oder anderen verscherzt haben. Unabhängig davon merkte ich, dass es schwer ist, mit jemandem zu reden, der keinen Namen hat bzw. bei dem ich nicht einmal weiß, ob er DER, DIE oder DAS ist. Der Coach hat sozusagen einen Namen und eine Funktion, ich kann ihn persönlich ansprechen. Das fühlt sich vertrauerter und beruhigender an.

Klar sind wir auf eine bestimmte Weise eins. Klar könnte ER selbst zu dir sprechen und höchstwahrscheinlich genau das Gleiche zu dir sagen, wie ich es tue. Aber: Würdest du es auch hören – würdest du es auch verstehen?

Um es klarzustellen ... das Ausschlaggebende ist: Der Punkt und der Unterschied liegen bei dir. Dein System hält bestimmte Themen und Sprache für z.B. Gott vorbehalten und du hast gelernt, bestimmte Bereiche „sicherheitshalber" mit mir zu betreten. Weil du eben ein Mensch bist und weil ein Mensch so konzipiert ist, dass er definiert – ob er will oder nicht – immer alles einordnet, trennt, Sprossen, Punkte, Prioritäten, Schubladen und was weiß ich was noch.

Auch wenn der Verstand schon weiß: Das ist nicht ganz koscher, da humpelt etwas, da ist ein Haken, das kann doch nicht sein – trotzdem versucht er aufs Neue, (erhaltene) Informationen zu analysieren und einzuordnen. Er kann nicht anders, er ist darauf programmiert. Deswegen ist es wichtig, die Gefühle ins Spiel zu bringen und zu lernen, auch durch sie zu verstehen. Klar versucht der Verstand, auch die Gefühle einzuordnen, aber gegenüber dem Gedanken hat man hier einen gewissen zeitlichen Vorsprung. Das Gefühl ist als erstes da. Achtung! Ich spreche nicht über die Emotionen! Also … das Gefühl, das eine Gefühl, ist in dem einen Augenblick da und man kann sich dessen jenseits des Verstandes bewusst werden und erst dann kommt der Verstand ins Spiel. Deswegen ist es so wichtig, sich über Gefühle klar zu sein, sie zuzulassen – egal welche Kränkungen und Schmerzen, Ärger und Aggressionen sie zuerst in sich (ver)bergen. Dies alles muss sich zuerst einigermaßen klären, transformieren und heilen; was mit anderen Worten heißt: auf die Oberfläche – also ins Bewusstsein – kommen, bevor man loslegen kann, auf der Gefühlsebene wahrzunehmen und zu verstehen bzw. tiefere Zusammenhänge und Wahrheiten zu erspüren.

Bei dem erwachenden Menschen gibt es eine relativ lange Zeitspanne der Vermischung. Einerseits geschieht pausenlos die Klärung – durch die Bewusstwerdung dessen, was man in sich abgespeichert hat und nichts davon wissen wollte und/oder nichts damit anfangen konnte. Anderseits beginnt man, auf neue Weise zu fühlen und zu spüren, dass da auch etwas anderes ist. Und an dieser Stelle (sicher nicht nur da) kommt der geistige Coach und/oder der BewusstseinsCoach ins Spiel – als Begleiter, der hilft, sich in dem Gemisch der Empfindungen auszukennen, zu orientieren. Sonst passiert es oft, dass der „Schüler" bzw. der „Trainee" zwei Ebenen miteinander vermischt/verwechselt und solche Schlussfolgerungen daraus zieht, die eigentlich schon überdauert und veraltet sind und „nur" einem alten Trauma bzw. Verletzung, einer Verwirrung entspringen.

Sich zu einem solchen Zeitpunkt direkt an IHN zu wenden, ist für manche Menschen sehr schwierig, weil sie überzeugt sind, dass sie mit IHM erst in dem erlösten, „heiligen" Zustand kommunizieren können. So glauben sie, wissend über den eigenen verwirrten, desolaten, verarmten, ärgerlichen Zustand, SEINER nicht würdig zu sein.

Und da komme ich wieder mit meiner „berühmten" Logik. Jetzt könnte man ruhig den Verstand benutzen – eigentlich ist er auch dafür da (!), um logisch zu denken, nicht wahr? Das Problem ist nur, dass **viele Menschen gelernt haben, eine ausgefeilte, manipulierte, weitverbreitete Denkweise, anstatt die Logik, zu benutzen.** Jedem logisch Denkenden muss eigentlich klar werden, dass bei einem solchen Denken (wie im vorigen Absatz beschrieben) im Zusammenhang mit Gott ein logischer Fehler (ein Virus) vorliegen muss. Zu denken oder noch besser, zu glauben, dass Gott irgendetwas unwürdig ist, kann nur ein eingeschleuster Virus sein oder, wie ich es nenne, eine verkehrte, sprich umgedrehte Logik. Wie kann irgendetwas überhaupt dem Göttlichen unwürdig sein? Es gibt nur zwei Möglichkeiten: entweder sprechen wir in so einem Fall nicht über IHN (dann ist verständlich, warum er lieber namenlos bleibt) oder derjenige irrt, der in so einem Glauben lebt. Irrt – ist ein guter Begriff, weil er auf einem Wege, und wie schon besprochen, nur einen Schritt weit von der Wahrheit entfernt ist: Er/sie irrt (herum)!

So viel an dieser Stelle zu dem Thema, warum ich und ER scheinbar getrennt sind; weil uns die Menschen trennen und uns getrennt sehen wollen. Und das ist derzeit auch in Ordnung so. Aber fragen wir noch kurz IHN, ob ER noch etwas auf SEINE Art dazu sagen will:

Liebe Kinder – warum nenne ich euch so? Weil ihr euch selbst so seht, weil ihr euch so eine Rolle verpasst habt; eine Rolle, mit der ihr umgehen könnt. Es wäre alles in Ordnung, würdet ihr es euch immer vor Augen halten, dass es nur eine Rolle ist (Kind zu sein) und dass ihr diese als ein Hilfsmittel angenommen habt, um sich in der Illusion besser bewegen zu können. Aber, wenn die Zeit einmal gekommen ist, hinter die Illusion (also Backstage) zu schauen, sich von der einen oder anderen Bühne zu lösen, fällt es euch sehr schwer, zu glauben, dass die Position des Kindes nur eine Rolle war. Ihr seht euch gern in dieser Position! So dürft ihr euch unschuldig und hilflos fühlen. Aus dieser Rolle heraus könnt ihr euch leichter an euren Vater wenden, ihn um Fürsorge, Unterstützung, Schutz und Hilfe bitten. Als Menschen könnt ihr euch so auch leichter vorstellen, dass ein Vater von Natur aus dem eigenen Kind einiges durchgehen lässt, ein Auge zudrückt oder verzeiht, wenn es nicht anders geht. Ja das kann man sich, versetzt in eine Kindesrolle, vorstellen. Es ist klar, warum ihr euch so gerne als meine Kinder tituliert, jedoch es ist unlogisch. Um einen guten Draht zu Gott zu haben, dürfte man sich also nicht weiterentwickeln und nicht wachsen, weil man dann „logischerweise" als Erwachsener den Status, die Privilegien des Kindes, verlieren würde. Wenn ihr euch, ob bewusst oder unbewusst, als Kind seht, seht ihr euch immer als klein, ihr macht euch freiwillig klein und unmündig. Manchmal versucht ihr sogar, euch trotz all eurer Entwicklung und Fortschritte in diese kleine Rolle zu pressen. Ihr macht euch selbst klein, Aber trotzdem sehnt ihr euch danach, große Dinge zu bewegen, Großes zu bewerkstelligen, eines Tages grooooß zu werden und soooo groß dazustehen. Wie passt das zusammen? Logisch ist das wirklich nicht. Logisch ist jedoch, dass ihr euch dann nicht wundern dürft, wenn ihr alle eure „großen" Ideen selbst sabotiert. Ihr dürft euch nicht wundern, wenn andere von oben herab auf euch sehen, wenn sie euch nicht ernst nehmen, euch nicht zuhören, über euch lustig machen oder über euch die Nase rümpfen, euch verachten. Warum auch nicht? Wenn ihr euch gerne so klein seht und unbewusst auch nach Bestätigung sucht, dass ihr klein, sprich rein und unschuldig wie ein Kind, seid, dann habt ihr sogar für Gott ein Alibi und handfeste Beweise.

Wie du, meine Liebe, schon spürst, nähern wir uns deinem Thema, das du heute ansprechen wolltest und es wird dir zwischen den Zeilen, auch durch mein „Coaching", einiges klarer. Vielleicht brauchen wir dein Thema gar nicht mehr so schwarz auf weiß zu zerpflücken, aber lass mich noch eine Weile den oberen Faden weiter verfolgen.

Gut! ...

Jetzt müsste klar sein, warum, trotz all der Sehnsucht, trotz aller geistigen Motivation und durchdachten Konzepte gewisse „große" Dinge nicht zu funktionieren scheinen. Sie funktionieren zwar prächtig, aber nicht so wie ihr es gerne hättet. Sie zeigen euch auf, dass irgendwo ein Knopf drin sein muss, wenn ihr nicht einmal mit dem, was euch am Herzen zu liegen scheint, vorankommt bzw. grünes Licht erhaltet. Warum solltet ihr auch grünes Licht bekommen? Was macht ein Kind, das gelernt hat, sich als Kind wahrzunehmen und für sich die Vorteile des Kindseins verstanden hat?

So ein Kind kümmert sich darum, seine Vorteile nicht zu verlieren. Und? Wer entscheidet darüber, ob es diese Vorteile noch weiter genießen kann oder nicht? Logischerweise in erster Linie das Kind selbst – weil – einen Schritt von der Wahrheit entfernt, hat es zu jedem Zeitpunkt, in jedem Schritt, die Möglichkeit, sich (erneut) zu entscheiden, Vorteile hin oder her, es selbst zu sein. Diese „Selbstmacht", wie das Wort schon sagt, liegt bei jedem selbst – aber so ein Wort gibt es in euren Wörterbüchern kaum. Warum wohl? **Will man wirklich** glauben und **wissen, dass man seiner selbst mächtig ist?**

Bleiben wir noch bei dem Kind. Also, es ist noch einen Schritt von der Wahrheit entfernt und entscheidet sich, doch die Vorteile des Kindseins weiter genießen zu wollen. Zumindest noch ein Weilchen ;) Was muss es jetzt tun? Es muss schauen, dass die Eltern bzw. die Erwachsenen auch weiterhin überzeugt sind, dass es ein Kind ist. Am besten funktioniert es, wenn so ein „Kind" durchschaut, wie diese Erwachsenen ticken, was sie brauchen, um es weiterhin als Kind zu betrachten. Das ist von Fall zu Fall unterschiedlich. Das heißt, so ein Kind muss als erstes (des eigenen Willens wegen) die Fähigkeit entwickeln, zu sehen, zu wissen, was die Eltern von ihm erwarten: wie es in ihrer Gunst bleibt. Die Ausrichtung nach außen beginnt! Der Prozess der langsamen Entfernung von sich selbst hat gestartet. Statt zu erkunden, was man selbst will oder benötigt, schaut man plötzlich, was die anderen um einen herum brauchen und benötigen. Man einverleibt sich regelrecht die Augen der anderen und beginnt, durch sie/mit ihnen zu sehen und zu leben. Gut, soweit ist es klar, glaube ich. Jetzt geht es noch darum, zu verstehen, dass es Kinder gibt, die lernen, für die Eltern immer etwas Gutes tun zu wollen bzw. ihr ganzes Tun und Handeln, oft sogar das Denken gar das gesamte Leben nach den Eltern und für die Eltern auszurichten. Sie trainieren sich einen Glauben an: Das erwartet man von einem folgsamen, braven Kind. Also: man geht in die Schule, welche die Eltern für einen ausgesucht haben, man wählt eventuell auch den Partner, der den Eltern zusagt, man bemüht sich um einen Job, der die Eltern bei Laune hält und sie zufrieden macht. Hören die Eltern auf, in einem das Kind zu sehen oder beginnen sie diesen Blickwinkel, diese Sicht zu verlieren, bemüht man sich besonders – wenn man eben noch das Kind sein will – sie mit verschiedenen Taten erneut überzeugen (hypnotisieren) zu wollen.

Und da kommen wir wieder näher zu dem „Gottkonflikt".

An dieser Stelle, wo er euren Vater darstellen soll und ihr seine Kinder sein wollt, beginnt ihr viele Dinge, nicht für euch selbst, sondern für Gott zu tun. Dass wäre ja nicht so schlimm, ist ja auch nur eine Bühne, eine Illusion. Man übt sich eine Weile oder auch länger in so einer Erfahrung: Wie ist das, wenn ich glaube, dass Gott will, dass ich Sachen für ihn tue? Aber, wenn man beginnt zu glauben, dass es die eine, die einzige

Wahrheit ist und davon ein Bild Gottes bzw. des Göttlichen ableitet, beginnt es, ein gewisses Paradoxon zu sein; besonders dann, wenn man sich bereits nach „ZU HAUSE" sehnt. Oft fragt man sich dann: Was muss ich noch alles tun um ...? Ich habe doch schon so viel getan, warum funktioniert es nicht? Warum erhört mich der Vater nicht? Warum sieht er mich nicht? usw. Welcher Vater soll euch erhören? Der, der von euch all die Aufopferung, bestimmte Handlungen und Taten bzw. Geschenke verlangt? Der, für den ihr euch zuerst entwickeln, reinigen, transformieren müsst, also anders sein müsst als ihr seid? Dieser soll euch erhören und nach Hause begleiten? Okay ... Es ist euer Wunsch, eure Vorstellung, eure Illusion, euer freier Wille, eure Wahl wieder einen Schritt von der Wahrheit entfernt zu sein.

Was sagt an dieser Stelle eure Logik, euer Verstand?

Kann es möglich sein, dass ER von euch will, dass ihr immer in der KLEINHEIT lebt, ihr euch immer nur als KINDER seht, also nicht weiter wachst; ihr euch nicht weiterentwickelt?

Kann es sein, dass ER von euch verlangt, dass ihr für die Ewigkeit die Erfahrungen von Hilflosigkeit, Ausgeliefertsein, Abhängigkeit, Aufopferung macht – immer aufs Neue?

Wollt ihr wirklich glauben, dass ER euch erst dann annehmen kann, wenn ihr anders werdet als ihr bereits seid?

Wollt ihr mir wirklich weiß machen, dass ER es braucht, dass ihr besser werdet, als ihr schon heute bereits seid? Bitte denkt darüber nach, auch mit Hilfe von Logik und Verstand. Fühlt nach und beantwortet euch jeder selbst, was ihr glauben wollt: Was hat einen Sinn zu glauben und was ist das, was ihr nicht glauben müsst, sondern in euch wisst und immer gewusst habt? **Euer Glaube ist es, der euer Leben gestaltet, euer Glaube bzw. eure Überzeugung sind es, welche die Bühnen wählen, auf der ihr euch bewegt. Eure Vorstellungen sind es, die auf rot oder grün schalten, die euch einen Schritt von der Wahrheit verweilen oder weiterschreiten lassen.**

Überlegt gewissenhaft, was ihr glauben wollt!

Und … glaubt endlich dann das, was ihr glauben wollt und nicht das, was ihr glaubt glauben zu sollen oder zu müssen.

Wenn ihr dann den einen Schritt wagt – egal wie groß oder klein er erscheinen mag – überlegt euch!: Nur eines einzigen Schrittes bedarf es – das ist doch nicht viel – , dann könnt ihr doch immer mehr in den direkten Kontakt treten – ohne Vermittlung, ohne Übersetzung – bzw. selbst in einem direkten Kontakt und in Verbindung mit dem Göttlichen und dem Leben sein.

So viel für heute von mir und Coach. Wir wünschen noch einen wunderschönen Tag :)

Ein Schritt von der Wahrheit
entfernt

Oft habe ich ein Gefühl oder einen Impuls, der mir in einer Situation von etwas abrät. Ich weiß nicht ob es mein Muster ist und ich mich weigere, mich einer gewissen Situation zu stellen oder ob es etwas Fremdes, Verführendes ist, das mich von etwas abbringen will. Anders gesagt, ich weiß nicht ob ich „dieses" ignorieren soll oder umgekehrt auf „das" hören soll, weil es sich um einen tatsächlichen Rat, um meine innere Führung handelt. Ich weiß also in so einem Moment nicht: Soll ich diesem „Impuls" nachgehen, folgen oder ihn „verjagen" und weitermachen?

Dein Dilemma: nachgehen oder sausen lassen? Handelst du nur aus einer Vorstellung, aus einem Programm heraus oder ist es die Führung, auf die du hören sollst? Ist es eine Schwäche, wenn du aufgeben, nicht mehr dort weiter machen willst oder ist es die Führung, welche dir sagt: Du brauchst nicht immer alles zu tun, überall hinzugehen; schon überhaupt nicht dann, wenn es dir keinen Spaß mehr macht, wenn du dir gar nicht sicher bist, ob du es (noch) willst?

Du sprichst die menschliche Schwierigkeit an, zu unterscheiden, was ein Muster, also etwas Altes ist, und was ein neuer Impuls ist, dem es sich nachzugehen lohnt.

Ehrlich gesagt, diesmal klingt es sogar für mich unlogisch – wieso sollte man die neuen Impulse, die Führung, mit irgendetwas Altem, Verstaubtem, Verschlammtem, Niederschwingendem verwechseln können? Es müsste doch eindeutige Unterschiede geben. Unlogisch klingt es aber nur so lange, so lange man glaubt, dass da kein Unterschied ist. Mehr Klarheit bringt es, wenn man es wie folgt ausdrückt: „Es scheint nur so, als würde es keinen Unterschied geben." Dass man im Augenblick keinen Unterschied wahrnimmt, heißt noch lange nicht, wie bei allen anderen (unsichtbaren) Dingen, dass es ihn nicht gibt.

Menschen ziehen aufgrund von scheinbaren Tatsachen viel zu schnelle Schlüsse, die gar nicht vollständige Tatsachen sind – und das, obwohl sie die eigene Erfahrung und auch die menschliche Geschichte mehrfach gelehrt hat, dass das, was heute als vollständig und eindeutig interpretiert wird, morgen, aufgrund neuen, über die Nacht aufgetauchten Tatsachen, gänzlich anders erscheinen kann.

Kommen wir also zum Punkt, die ganze Sache mit der Führung ist so:

Man stellt sich vor, man sitzt in einem Zug, der eine vorgegebene Strecke fährt. Es gibt kein Nebengleis, keine Weichen. Der Zug kann nicht umgeleitet werden, er fährt immer schnurgerade, immer im selben Tempo, ohne Eile.

Wenn das Unlogische logisch erscheint

Er klappert ganz gemütlich vor sich hin. Ein Passagier, der in diesem Zug sitzt und aus einem kurzen Nickerchen erwacht, verfällt in Panik, nachdem er sich bewusst geworden ist, dass er eingeschlafen war und einen Teil der Strecke verpasste. Während er schlief, träumte er nämlich einen Traum, der ihm all die Möglichkeiten aufzeigte, was alles passieren könnte, wenn er in den falschen Zug eingestiegen wäre, der noch dazu in die falsche Richtung fährt, oder wenn er keine Fahrkarte hat und erwischt wird, oder wenn der Zug eine Panne hat und nicht rechtzeitig am Ziel ankommen kann, oder wenn der Zug überfallen oder umgeleitet wird und so weiter ...

Als er aufgewacht ist, war der Zug zwar noch immer derselbe und die Strecke auch. Eigentlich hatte sich nichts geändert – außer dem Gemütszustand und dem Blickwinkel des Reisenden. Ein kurzer Schlaf – vielleicht ein, zwei Minuten –, der alles veränderte und seine Situation umso schlimmer machte, umso weniger er sich bewusst war, wie lange er geschlafen hatte. Würde er es wissen, würde er (glaubt er) in etwa abschätzen können, was in der oder der Zeit passieren könnte. Aber er ist ahnungslos. Sein Traum schien sehr lang zu sein, sonst hätte er doch nicht über so viel geträumt. Und obwohl sein Verstand zu ihm sagte: „Mach keine Panik! Es ist nichts geschehen, alles ist im grünen Bereich, alles wie vorher ...", trotzdem keimte und wurmte in ihm irgendetwas, was ihm zuflüsterte: „Aber was, wenn doch ...???" Was, wenn du entführt worden bist, während du schliefst und plötzlich in einem ganz anderen Zug sitzt, der nur den Schein, die Illusion wahrt, um dich zu täuschen, dass er der Gleiche ist?

Merkst du es? Hier schaltet sich eindeutig **die verkehrte Logik ein. Irgendetwas funkt dazwischen, und braut aus möglich erscheinenden „Tatsachen" ein Konstrukt zusammen, das plötzlich an das gewohnte Denkschema desjenigen angepasst und abgestimmt ist. Seine eigene Logik, sein Verstand, werden dazu benutzt, um das Unlogische logisch erscheinen zu lassen.** In unserem Beispiel gezeigt, half seine Unsicherheit, die eigentlich durch das Traumgeschehen erzeugt wurde, dass die Umkehrung überhaupt funktionieren konnte. Obwohl alle Möglichkeiten nur im Traum und nicht in der Realität geschahen, ist seine „Datenbank" plötzlich mit neuen Informationen, was alles geschehen kann, vollgeladen. Hier zeigt sich die „Schwäche" des menschlichen Verstandes. Der scheint nämlich nicht zwischen den Informationen aus den Traum- und realen Welten den Illusionen und den Spielwiesen – oder, wie wir es schon öfters genannt haben: den Theaterbühnen zu unterscheiden. Der Verstand ordnet den Impulsen, den Wert „0" oder „1" zu. Warum das so ist, werden wir vielleicht irgendwann später sehen. Das Gehirn empfängt eine neutrale Information und der Verstand speichert sie geordnet in seiner Datenbank.

Kehren wir zurück zu unserem verunsicherten Zuginsassen: Er ist in einer Situation, in der sich seine Traumweltebene und die Wirklichkeit vermischen. Zwar nicht wirklich, weil der Zug sich real nicht so, wie in seinem Traum verhält und es drohen auch keine unheilen Dinge zu geschehen, aber er weiß es nicht. Er beginnt, in die tatsächlich „heile" Welt plötzlich die Informationen aus seinem Traum zu übertragen, obwohl es dazu eigentlich keinen Grund gibt. Sein „Blick" bzw. sein „Sehen der Welt" ist im Traum verhaftet geblieben. Sein Blickwinkel ist verschoben und alles, was er ab diesem Moment ansieht, sieht er aus diesem veränderten Blickwinkel, wie durch einen Filter, an. Dadurch passiert aber Folgendes: Er kann das Natürliche nicht mehr sehen. Er projiziert auf die Wirklichkeit seinen Traum, seine im Traum erfahrenen Bedenken, Sorgen und Möglichkeiten – obwohl der Zug weiterhin unverändert, ruhig und verlässlich in seinem gemütlichen Tempo durch die herrliche Landschaft weiterfährt, während sich aber einer seiner Passagiere immer mehr zu ängstigen beginnt, immer unsicherer wird und sogar einen Ausstieg, einen Fluchtversuch startet – der scheinbaren Logik folgend:

Wozu noch länger in einem bedrohlichen, falschen Zug fahren?

Ich glaube, an diesem Beispiel verstehen wir alle, wie verfahren und verkehrt das Denken und die Angst des Zugreisenden ist, obwohl gleichzeitig fast jeder sein Verhalten auch nachvollziehen kann. Die Frage stellt sich nur, wie bringt man jetzt so einem Menschen bei, dass alles okay ist, dass während seines Sekundenschlafs gar nichts geschehen ist, dass alles wie gehabt läuft – ohne kleinste Veränderung, ohne kleinste Bedrohung?

Zu erklären beginnen? Zu argumentieren? Beweisen?

Hilft es, wenn man mit der Logik kommt? „Schau, du hast nur gerade zwei Sekunden geschlafen. Wirklich! Ich habe dich die ganze Zeit beobachtet, auf die Uhr geschaut, da ist nichts Ungewöhnliches passiert. Denke doch, was kann schon Bahnbrechendes innerhalb von zwei Sekunden geschehen?" Wenn man diesen Menschen mit solcher Argumentation auch für eine kurze Zeit beruhigen konnte, keimt und wächst in ihm aufgrund der gespeicherten, im Traum erfahrenen Informationen die Palette der Möglichkeiten weiter. Der Verstand tut seinen Job, analysiert, kombiniert, verbindet, ordnet. In einem Moment ist der Mann beruhigt, in einem anderen wieder unsicher. „Und was, wenn doch …?" – ist immer die gleiche Frage. „Was, wenn der andere auch eingeschlafen ist und es gar nicht weiß?" „Was, wenn er mich absichtlich belügt?" „Was, wenn er zu ihnen gehört? Ein Verräter! Ein Komplott!"

Was für eine Möglichkeit hat die (innere) Führung, so einen ver(w)irrten Menschen wieder zur „Vernunft" zu bringen? Eindeutige Aussagen oder Wahrheiten nützen ihm ziemlich wenig. Besänftigen, beruhigen – das wirkt nur für eine gewisse Zeit, wenn überhaupt. Beweise? Beweise gibt es auf seiner Ebene keine, er hat doch gesehen, er weiß. Er hat jetzt seine Wahrheit, die er niemandem vermitteln, niemandem klarmachen kann. Er fühlt sich alleine, aufgeschmissen, verraten, hängen gelassen. Aber er fühlt sich vielleicht auch auserwählt, in die Möglichkeiten eingeweiht, von denen andere keine Ahnung haben. Das stärkt und baut ihn vielleicht auf.

Und der Zug fährt geduldig weiter. Mittlerweile hat sich herumgesprochen, dass da ein Passagier sitzt, der völlig von der Rolle ist und komisches Zeug redet – nichts und niemandem um sich herum vertraut; schon überhaupt nicht denen, die mit dem Zug und der Strecke zu tun haben.

Was ist in so einem Fall zu machen? Wie hilft man diesem Mann? Will er überhaupt dass ihm geholfen wird?

Eigentlich nicht. Und schon überhaupt nicht von den Zuginsassen. Die haben sich doch alle gegen ihn verschworen! Die sind jetzt alle seine Feinde.

Der Zug fährt weiter, lässt sich nicht verwirren, warum sollte er auch – er ist nicht eingenickt, hat keinen „bösen" Traum geträumt. Die meisten Insassen erkennen: Man kann im Moment nichts tun, außer ihn in Ruhe zu lassen. Vielleicht ist er später bereit zu reden, vielleicht schöpft er bald wieder

Vertrauen. Vielleicht, wenn er genug Zeit zum Beobachten hatte, kommt er selbst darauf, dass da etwas nicht stimmen kann. Alles andere, als ihn in Ruhe zu lassen, scheint er als Angriff wahrzunehmen und als die Bestätigung seiner neuen Wahrheiten zu deuten: „Niemand glaubt mir, niemand versteht mich, alle halten mich für blöd, schauen mich an, als wäre ich von einem anderen Stern. Ich bin doch der Gleiche wie vorhin. Ich spüre und fühle mich wie immer." Er weiß es doch am besten. Er ist doch bei Verstand. Die anderen aber scheinbar nicht.

Bitte Leute, macht euch kurz Gedanken:

Was für Möglichkeiten hat man, einem Menschen eine helfende Hand anzubieten und ihn aus seiner Verwirrung herauszuführen, der gar nicht weiß, dass er sie braucht?

Ich weiß, einige von euch ahnen schon, was ich meine und, dass es eine Metapher bzw. Parallele zum Übergeordneten, dem Größeren ist. Aber lasst dies kurz beiseite und versucht, ohne die größeren Zusammenhänge sehen zu wollen, euch einfach in diesen kleinen, banalen Fall einzufühlen und zu spüren, was da zu machen wäre. Wie würdet ihr vorgehen? Was fällt euch dazu ein? Lasst euch wirklich eine Minute Zeit, trinkt Kaffee, geht spazieren … lasst es euch einfach kurz durch den Kopf gehen …

Wenn das Unlogische logisch erscheint

Während der Pause hat man sich Gedanken gemacht, im Zug genauso. Alle Möglichkeiten wurden durchgegangen, was man da tun könnte. Es ist nämlich eine neue Schwierigkeit aufgetaucht. Noch ein Passagier ist eingenickt und hat Ähnliches in seinen Träumen erfahren. Die zwei sind sich begegnet und haben endlich jemanden gefunden, der sie versteht. So haben sie ihre endgültige Bestätigung für ihre Version der Wahrheit, die niemand hören wollte, erhalten. Endlich können sie sich ein wenig entspannen. Wie zwei alter Brüder sitzen sie da und basteln in ihrer Welt an den Plänen, wie man die eigene Haut aus dem Zug rettet. Nicht nur das! Jetzt haben sie mehr Mut und schmieden schon Strategien, um sogar den gesamten Zug samt allen Insassen aus den Händen „des Bösen" zu befreien. Sie können doch alle blind Gewordenen und Verhexten nicht im Stich lassen ...

... und so weiter und so weiter ...

Ihr seht, die Sache wächst und gerät aus dem Ruder.

Im Zug wird es mittlerweile schwer, ungemütlich und unruhig, obwohl der Zug selbst ganz ruhig weiterhin seine Strecke fährt und sich von nichts beirren lässt. Wie gesagt: Es gibt nur das eine Gleis, nur die eine Strecke, nur den einen Zug.

Um euch nicht auf die Folter zu spannen: Es gibt natürlich Möglichkeiten, da etwas zu tun. Es müssen neue Informationen her. Der Ver(w)irrte muss einfach die Erfahrung machen, dass alle Informationen, die er aus dem Traum abgespeichert hat, nur ein Traum und gar nicht wahr sind. Das heißt, er muss diesen Informationen in <u>seiner!</u> Realität begegnen, um zu sehen, dass sie nirgendwo hinführen, dass es nur Illusionen, Andeutungen waren, vor denen er sich nicht zu fürchten braucht. Er muss selbst (am eigenen „Körper") die Erfahrung machen, dass der Zug nicht entgleisen kann, dass man den Zug nicht entführen, nicht überfallen kann.

Wie kann er diese Erfahrung machen?

Man hilft ein wenig nach.

Man spielt mit. Man tut so, als würde der Zug tatsächlich entgleisen können, als würde der Zug überfallen, ausgeraubt und entführt werden können, um ihn dann erkennen zu lassen, dass es nicht so ist.

Die Geschichte geht vielleicht noch ein wenig weiter, aber wir lassen es für heute so im Raum stehen.

Einen wunderschönen Tag wünsche ich und vergesst nicht, bei euch zu bleiben :)

Das Nicht- und Nichtstun

Heute ist ein seltsamer Tag. Ich habe vor kurzem mit meinem Partner gestritten und jetzt bin ich wieder durcheinander. Und dabei lief alles so gut! Gut? Ich war fast glücklich. Die Zufriedenheit breitete sich in mir aus. Nur einige körperliche Empfindungen trübten das „Glücklichsein" und hinderten mich dabei, mich gänzlich zu entspannen. Die physischen Signale verunsichern mich. Auch die in der letzten Zeit so unbeeindruckte Waage zeigte sich heute unmissverständlich. Irgendetwas schrieb ich zu viel Wichtigkeit zu, gab dem zu viel Gewicht, was sich sofort in den Gewichtszahlen, also in Kilos, auf der Waage manifestierte. Oder alles nur Quatsch, Hirngespinste, zu viel Möchtegernsymbolik? Vielleicht habe ich einfach nicht aufgepasst, mich verkühlt und zu viel gegessen? Zu viele Möglichkeiten, zu viel Durcheinander. Zu viele Ebenen. Was kann ich tun? Wie kann ich mir helfen?

Lass uns anschauen, was hintergründig abgelaufen ist. Deine Familie kam zu euch zu Besuch. Was ist ein Besuch? Was macht ihr als Menschen bei einem Besuch? Wozu braucht ihr Besuche? Warum besucht ihr euch gegenseitig? Einige öfter, andere weniger, manche kaum. Die einen gerne, die anderen mit Abstand und vorsichtig, manche äußerst ungern und mit vielen Widerständen. So, wie die Menschen verschieden sind, ist auch ihr Verhalten beim Besuchen unterschiedlich. Manche gehen ganz pragmatisch vor; haken durch einen Besuch bei den Eltern, Verwandten oder Freunden das ab, was schon längst anstand, um wieder einige Zeit Ruhe zu haben bzw. nicht in den Verdacht zu geraten, ein unsozialer Mensch zu sein. Andere spionieren wiederum gerne das Leben der anderen aus, um für die eigene Datenbank die scheinbar fehlenden Informationen zu laden und neue Schlüsse zu ziehen: Bin ich noch „on top" oder hat mich jemand überholt? Weiß jemand mehr, hat es jemand besser als ich oder kann ich mich noch eine Weile ruhig an der Spitze sonnen? usw. Dann gibt es auch solche, die sich auf einer gemeinsamen Bühne treffen, um sich gegenseitig die Berechtigung und Existenz der „Hirngespinste" zu bestätigen (das Treffen von vernachlässigten Frauen, vergessenen Müttern, hintergangenen Kollegen, schwer schuftenden Männern, die sich einmal „einen drauf zumachen" verdient haben, unter Druck stehenden Managern, für eine gemeinsame Idee kämpfenden Brüdern und anderen aufopfernden Gemütern, leidgeplagten, unverstandenen, alleingelassenen Wesen) aber sicher gibt es auch jene, die sich treffen, um sich auszutauschen, sich begegnen – einfach „Hallo" sagen – ohne wenn und aber, ohne warum, wieso, wie konntest du, wozu brauchst du es, wie meinst du es, darfst du es … usw.

Das „Leid" der Bewusstwerdung ist das Wissen über viele Dinge und die daraus resultierende Unsicherheit. Wie kann man denn wissen, welche Situation, welcher Fakt von den vielen möglichen, in dem Augenblick zutrifft? Man weiß doch Bescheid über die mögliche Verfahrenheit, Blindheit, Taubheit, Vergesslichkeit, Intoleranz, Leugnung und Benebelung der Sinne, die immer wieder mehr oder weniger getarnt, in den (un)möglichsten Augenblicken vorkommen. Wie soll man also wissen, ob man selbst nicht gerade mittendrin steckt? Man hat doch oft genug erfahren, dass man ausgerechnet dann mittendrin steckt, wenn man es sich am wenigsten zugestehen will.

Also was tun?

Sich gleich im Voraus vor der Möglichkeit zu fürchten, sich zu verfahren? Das ist nicht gerade die beste Wahl. Und auch nicht, mit allen Mitteln zu versuchen, sich an den gedachten lichten/richtigen Pfad zu klammern, um von ihm nicht abzukommen.

Was dann?

Im letzten Kapitel haben wir uns eine wunderbare Geschichte angesehen; eine Metapher, zur besseren Vorstellung, was da bei euch Menschen manchmal abläuft. Die Geschichte war nicht zur Verunsicherung, sondern zur Veranschaulichung gedacht, welche Möglichkeiten euren weltlichen und/oder geistigen „Coaches" zur Verfügung stehen, um mit euch zu arbeiten, um euch wieder zu euch selbst zu bringen. Sie sollte auch zum besseren Verständnis dienen, warum manchmal von „da oben" keine Antwort kommt.

Wie seltsam es auch klingen mag ... in bestimmten, verfahrenen irdischen Situationen ist der erste Schritt zur „Besserung", zuerst einmal: nichts zu tun. Wie unglaublich es für euch Menschen auch erscheinen mag und wie sehr es eurer „Logik" auch widerspricht:

„Nichtstun" kann auch ein Schritt sein!

Diese Tatsache gehört sich an dieser Stelle zu verinnerlichen, sich ein für alle Male endgültig bewusst zu werden.

Der menschliche Verstand kann einen Schritt nur der Bewegung zuordnen. Das Nichtstun deklariert er jedoch als Stillstand, also keine Bewegung, keinen Schritt. So widerspricht es völlig dem menschlichen Verständnis, einen Schritt im „Nichtstun" zu tun. Bitte merkt euch: „Nichtstun" ist ein neuer Begriff für euer Bewusstseinswörterbuch. Viele alte, sozusagen weise Bücher sprechen das Phänomen der Stille und des Ruhefinden im Ausharren an. Das Problem ist nur, dass die menschliche Vorstellung gelernt hat, das Ausharren mit Warten zu assoziieren und das Warten mit einem Zeitverlust gleichzusetzen. So kann sich heutzutage ein moderner Mensch, der zum Warten bzw. zum Sich-gedulden

Die verkehrte innere Uhr

verdonnert wurde, kaum beruhigen und die zur Verfügung stehende Zeit im Zustand des inneren Friedens verbringen, weil in ihm ein Virus der verkehrten inneren Uhr tickt, das ihm ununterbrochen zuflüstert, dass ihm etwas entgehen, weglaufen, dass er etwas versäumen kann. Das Nichtstun ist in dieser leistungsbezogenen Gesellschaft negativ besetzt und wird mit dem Faulenzen, der Untätigkeit und Unproduktivität gleichgestellt und als eine sinnlose Zeitverschwendung oder sogar als „Parasitismus" auf Kosten anderer angesehen. Zeit ist Geld, Nichtstun gehört sich einfach nicht, Nichtstun ist teuer! Die hohen Arbeitslosenzahlen spiegeln sehr stark dieses Thema. Arbeitslos zu sein heißt bei euch, am Rande der Gesellschaft zu leben, nicht gebraucht zu werden, nutzlos und/oder unfähig zu sein. Kaum jemand kommt auf die Idee, dass sich in dieser intensiven Zeit viele Menschen im Nichtstun üben und dass dieses Üben sehr schleppend vorangeht. Das wahre Nichtstun, um das es hier geht, bezieht sich nicht nur auf das offensichtliche Nichtstun – also keinen Finger zu rühren, den ganzen Tag im Bett zu lümmeln, in die Glotze zu schauen, die Tauben auf den Dächern zu zählen, Arbeitsstellenanzeigen zur Freude und Beruhigung des Arbeitsamtes und des eigenen Gewissens zu lesen oder zumindest den elterlichen Garten ab und zu mal zu pflegen. Wie erstaunlich und neu es für euch auch sein mag, das Nichtstun kann man auch während eines Tuns und Handels bzw. Arbeitens tun. **Um das Nichtstun zu erfahren, muss man nicht gleich alles aus der Hand fallen lassen**

und sich in einen Nirvanazustand begeben. Das Nichtstun ist eine Einstellung, es ist ein Zustand, eine Erfahrung.

Das Nichtstun bedeutet nicht einen Stillstand oder keine Bewegung! **Ein Nichtstun ist eine Bewegung, ein Fließen bzw. fließen lassen. Ein Nichtstun basiert auf einem tiefen Vertrauen.** Es ist ein Gewahrsein seines Selbst in der Gewissheit, dass man, um zu überleben, um zu gefallen, um weiterzukommen, nichts (Spezielles) tun muss. Ein Wissen darüber, dass kein Weiterkommen oder kein Gefallen notwendig ist, weil alles so (optimal) ist, wie es ist – nicht irgendwann dann, sondern JETZT.

Und was will man noch tun, wenn (jetzt) alles da ist, wenn (jetzt) alles okay ist, wenn gerade jetzt! alles perfekt ist wie es ist, wenn es also nichts zum Verbessern, zum Irgendwohinkommen, Hinzukommen gibt?

Ein Nichtstun ist kein Schritt in die Leere, in ein schwarzes Loch, in die Selbstaufgabe, in die Depression oder ein Verlorensein. **Ein Nichtstun ist ein Schritt ins Vertrauen, der Wahrheit zu lauschen, die Lebendigkeit zu spüren, das Ungeahnte zu ahnen und das nicht Gewesene zu sein.**

Was jetzt ausnahmsweise logisch erscheinen wird und mit dem zweiten Begriff zu tun hat: dem „Nichttun". Bitte nicht mit dem „Nichtstun" zu verwechseln: das NICHTTUN kann man nicht tun! Und ... das NICHTSTUN kann man nicht nicht tun/"nicht tun"!

Das Nichttun – also das „ich tue jetzt nicht" kann man nur beabsichtigen und dann geschehen lassen.

Bitte spürt den Unterschied dieser zwei Aussagen nach:

Ich tue jetzt nicht! (ich werde jetzt etwas bzw. ich werde jetzt "das Nicht" tun)

und

Ich tue jetzt nichts! (ich werde jetzt nichts tun bzw. ich werde jetzt „das Nichts" tun)

Um beides tun zu können – das Nichtstun und das Nichttun muss man es verstehen oder zumindest erahnen, erspüren und wenn nichts anderes, dann auf jeden Fall vertrauen können. Man kann niemanden zum Nichtstun und zum Nichttun bekehren. Wenn Menschen in der Überzeugung durch die Gegend laufen, noch so viel zu tun zu haben, so viel erledigen zu müssen – so sammeln sie noch Erfahrungen und Informationen die sie brauchen, um eines Tages das „NICHTTUN" verstehen zu können. Wie soll man sonst ein Gefühl dafür entwickeln, außer dadurch, zuerst die „verkehrten" Erfahrungen zu machen: Handeln und Tatendrang, permanente Beschäftigung, Arbeiten, Verdienen, Fleiß, Faulheit, Arbeitslosigkeit, Untätigkeit ... usw.?

Oder wollt ihr mir wieder weiß machen, dass Gott eure Verdienste, euren Fleiß braucht? Dass ihr Ihn erst durch eure Verdienste, euer Schaffen überzeugen könnt?

Mannomann! Was glaubt ihr von ihm, wer oder was ist ER?

Wer soll euch besser kennen als ER? Wer soll besser wissen, was ihr könnt, fähig seid, braucht – als ER? Wieso, warum seid ihr am Streben, Laufen, Eilen, Jagen, Bemühen, Verstecken, Maskieren, Täuschen, Tarnen?

Für wen – für IHN?

Vor wem – vor IHM?

Wohin – von IHM weg?

Ihr wisst noch: Der Zug fährt. Die Sonne scheint. Die Vögel zwitschern. Es ist ein wunderschöner Tag – alles wie immer, alles wie gehabt, alles paletti – und ihr eilt, jagt, lauft weg ... Seht ihr euch? Erkennt ihr euch? Erkennt ihr den (Wahn)Sinn? Was wollt ihr tun? Was könntet ihr anderes tun, als das? Keine Ahnung? Nichts? – Bravo!

Die verkehrte innere Uhr

Das war ein schwieriger Part und er wurde euch heute auch mit keinen Streicheleinheiten angenehmer gemacht. Jetzt habt ihr euch eine Pause verdient!

…

Schon aus der Pause zurück?

Wir werden uns als erstes ein wenig entspannen und von dem anstrengenden NICHTSTUN für eine Weile wegkommen. Kurz ausatmen – einatmen – entspannen … Ihr könnt jetzt wieder tun was ihr wollt. Bitte raus aus der Erstarrung, aus dem Bemühen, nichts zu tun oder aus dem Bemühen, zu verstehen was das Nichtstun ist.

Was für eine Geschichte soll ich euch an dieser Stelle heute erzählen, um euch ein wenig aufzumuntern?

Man sagt, das Leben ist schwierig. Aber warum? Warum sagt man es? Wisst ihr doch, alles was man sich so sagt, glaubt man dann auch. Man manifestiert sich sozusagen das schwierige Leben. Und wir wollen es uns doch nicht mehr so schwer machen oder? Na klar!

Dafür müssen wir aber aus der verkehrten Logik raus. Dafür müssen wir wissen, was die verkehrte Logik sagt. Was war eure erste Reaktion als ich sagte: „Jetzt wollen wir uns das Leben nicht mehr so schwer reden."? Der Großteil von euch schien begriffen zu haben und eilte! Schnell sich ein-reden, dass ihr es euch nicht mehr schwer macht oder ein-reden, dass ihr es euch jetzt leicht oder leichter machen werdet. Und DAS, meine Lieben, DAS ist die verkehrte Logik. Viele Strategien des positiven Denkens, des sogenannten Mentaltrainings, basieren darauf. Aber wisst ihr was? Es ist sehr, sehr schwer, mühsam, umständlich, sich andauernd einzureden, dass das Leben leicht ist, wenn rundherum um einen alles eilt, hetzt, tobt, bebt, sich ärgert, nicht funktioniert, kollabiert, explodiert, von allen „guten Geistern" verlassen ist. Schließlich glaubt man doch, auch noch etwas anderes zu tun zu haben, als den ganzen Tag irgendwelche Programmsätze zu denken, die bei der nächsten kleinen Explosion in der Nachbarschaft wie ein Kartenhaus zusammenbrechen können und wodurch man sich in dem Moment um so mehr der Schwere des Lebens bewusst wird.

Eine andere Idee?

Wie wäre es, wenn man sich als Erstes anschauen würde, warum man sich das Leben so schwer redet; warum man es sich damit schwer macht. Warum will man es schwer haben. Wenn man damit so schwer aufhören kann bzw. nicht aufhören will?

Ich persönlich höre euch schon sagen: „Aber ich will doch gar nicht ..." Damit kommen wir leider nicht weiter.

Die verkehrte innere Uhr

Der eine Weg besteht darin, es zuerst einmal als eine Möglichkeit zuzulassen, dass man es doch tut, obwohl man sich darüber nicht bewusst ist. Nehmt euch den Reisenden aus dem gestrigen Zug. Viele würden sicher verstehen, dass es bei ihm schon ein großer Vorschritt wäre, würde er die Möglichkeit zulassen, dass er sich die Verwirrung sozusagen selbst macht und, dass eine Möglichkeit besteht, dass die Welt um ihn herum gar nicht so ist, wie er sie sieht. Das wäre der erste Schritt, mit dem er beginnt sich selbst die Chance einzuräumen, die Welt demnächst vielleicht in einem anderen Licht sehen zu können.

An diesem Punkt kommen wir jetzt aber wieder zu einer Schwierigkeit, die eben nur darum Schwierigkeit ist, weil sie an der verkehrten Logik bzw. auf dem verkehrten Denken basiert.

Wenn ein Mensch etwas tun soll, will er als erstes Wissen, ob es gut ist, dass er das tun wird, ob das Ergebnis das Richtige sein wird bzw. wohin das Ganze führen wird. **Ein Mensch ist schwer zu einer Tat zu bewegen, die er nicht durchschauen kann.** Deswegen funktionieren heutzutage so gut globalisierte Konzerne, die mit einem Masterplan bzw. einem Masterkonzept arbeiten. Sie können (so tun als würden sie) mit einem absehbaren, durchschauenden, durchdachten, angemessenen, optimierten Konzept dienen – vorausgesetzt, es passiert nichts Unvorhersehbares, das auch im „Worst case"[4] nicht bedacht wurde. Menschen wird glaubhaft gemacht, dass, wenn sie für so eine Firma arbeiten oder in so einer Firma eine Stelle annehmen, mit ihr einen Vertrag abschließen, dass sie vorahnen/vorausschauen/vorplanen können, wohin sie das führt. So geschieht es, dass sich Menschen immer mehr auf solche Firmen ausrichten, deren Konzepte sich bewährt haben (die Umsatzzahlen, Gewinne, Börsenstatistiken, die Marke, der Bekanntheitsgrad und die Artikel in Fachzeitschriften scheinen es zu bestätigen) und ihnen das eigene Vertrauen schenken und sogar die eigene Selbstmacht, Selbstverantwortung abgeben, weil ...

weil ...

sie auf einmal glauben, dass jemand (sogar irgendetwas), ein Konzept, ein Marketingplan es besser als sie selbst für sich wissen; dass all das ihnen ein besseres, leichteres, transparenteres Leben zu garantieren scheint, als sie es selbst je könnten. Kommt jemand dabei auf den Gedanken, dass solche Konzepte gerade auf der Kenntnis über genau so ein menschliches Verhalten basieren und deswegen einen Profitmasterplan entwerfen?

Aber bitte nicht falsch verstehen, das ist nichts Schlechtes, kein Hokuspokus oder so etwas. Die Menschen wollen es

---

4   s.g. *Horrorszenario bzw. der möglichst ungünstigst auftretende Fall*

doch so. Deswegen haben es Menschen erfunden, erschaffen und sie unterstützen es weiterhin. Sonst könnte es nicht funktionieren?

Aber warum sich dann wundern, dass das Leben so schwer ist?

Warum sollte es nicht so sein, dass man das tun muss, was das Konzept verlangt und nicht das, was einem eigen ist?

Es ist wirklich, wirklich schwer – das könnt ihr mir glauben – irgendetwas zu tun, was man eigentlich nicht tun will, wovon man innerlich weiß, dass es nicht das Eigene ist und irgendwo das Gefühl nagt, man hat eigentlich anderes zu tun – und hört dabei die Uhr im Nacken ticken.

Warum sagt man sich dann wohl andauernd, dass das Leben schwer ist und dass es sowieso keinen Sinn hat? Warum?

Damit man endlich <u>auf sich hört</u>!

Nichts ist umsonst! Nichts in eurem Leben und was ihr tut, ist umsonst. Alles dient eurem Erkennen. Die Frage ist: **Wann beginnt ihr damit, euch selbst zuzuhören? Wann beginnt ihr damit, eure eigenen Worte und Empfindungen ernst zu nehmen?** Ihr sehnt euch danach, dass es andere tun. Ihr wollt Respekt, Anerkennung und ein aufmerksames Ohr von anderen. Wie und warum sollen es die anderen tun, wenn ihr es euch selbst gegenüber nicht tut? Logisch, dass euch dann andere nicht sehen, nicht vertrauen, wenn ihr es selbst nicht tut! Unbewusst oder auch bewusst spüren die anderen eure Unsicherheit, euer Misstrauen euch selbst gegenüber und die verkehrte Logik sagt ihnen selbstverständlich, dass dahinter etwas sein muss; sonst würde sich der Mensch nicht so fürchten, nicht so klein machen, nicht verstecken wollen, nicht etwas anderes als das Seine tun. Warum sollten sie ihm vertrauen, warum sollten sie ihm begegnen, warum sollten sie seinen verkehrten Worten zuhören?

Wenn jemand Selbstvertrauen ausstrahlt, schaut jeder sofort hin. Jeder fragt sich automatisch: Was hat dieser Mensch? Was weiß er, das ihn so sicher macht? Jeder wird neugierig. Achtung – Falle! Warum? Weil man aus Neugier wieder zu jemanden anderen statt zu sich selbst schaut, sich nach anderen ausrichtet und nicht bei sich bleibt. Schon ist man dem Glauben verfallen, dass der andere es besser weiß als einer selbst.

Über dieses menschliche Verhalten wissen einige Experten Bescheid; die Experten der erwähnten Konzepte. Es hat sich herumgesprochen wie ein Mensch (verkehrt) reagiert und wie man es sich zunutze machen kann, um gewisse (wirtschaftliche, politische u.a.) Ziele zu erreichen. Man setzt auf zur Schau gestellte Selbstsicherheit, um das Vertrauen der Menschen zu gewinnen. Man trainiert es sich an, man lernt Selbstsicherheit auszustrahlen, mit ihr die Menschen zu blenden – es ist wieder nichts anderes als ein Konzept oder Teil eines Konzeptes – ein menschliches Konzept.

Warum also sollte sich das Leben nicht schwierig anfühlen, wenn man jemandem zu vertrauen lernt, der nur so tut, als wäre er sich sicher? Glaubt ihr wirklich, ihr spürt es nicht im Unbewussten, dass das gesamte Konzept so eines Menschen auf wankenden Füßen steht, dass es nur ein Schein ist? Und trotz dieses inneren Wissens wollt ihr weiterhin diesen Menschen vertrauen.[5]

Glaubt mir, es ist sehr schwierig und kostet sehr, sehr viel Energie, jemandem weiterhin das Vertrauen zu schenken, wenn man weiß (auch wenn nur unbewusst), dass dieser Mensch vor allem manipulieren will, dass er gar nicht vertrauenswürdig ist. Aber dieser Mensch, dass könntet ihr mir auch glauben, macht der verkehrten Logik zu trotz, nichts Ungerechtes. Wieso sollte er? Ihr wollt es doch so. Ihr wollt doch jemandem vertrauen, jemanden haben, der es besser weiß, der euch dieses leichtere, beschaulichere Leben garantiert. Glaubt mir, dieser Mensch hat es auch nicht leicht, euch irgendetwas zu geben, was er in sich (auch wenn unbewusst) weiß, dass er es euch gar nicht geben kann. Er weiß, er kann euch nicht(s) garantieren, er kann euch nicht(s) versichern,

---
5 *Das ist keine Frage sondern Feststellung*

er kann euch nicht(s) absichern. Er weiß sogar, dass ihr ihm nicht vertrauen könnt, weil er sich selbst unsicher ist und sich selbst nicht vertraut.

Wie viele Male müsst ihr euch selbst noch fragen: „Warum ist das Leben nur so schwer?"

Wie lange müssen wir noch weiter schreiben, bis ihr ruft: „Das kann doch nicht wahr sein!"

Wie lange müssen wir uns noch besprechen, bis ihr euch fragt: „Warum tun wir alle dies alles?"

Überlegt mal, aufgrund der Zuggeschichte: Was für eine Chance haben eure Freunde und ich meine, eure wahren Freunde, die versuchen euch zuzuflüstern „aber ... das Leben ist doch überhaupt nicht schwer", die euch versuchen aufzuzeigen „Schau, du machst es dir selbst schwer. Schau, da scheint doch die Sonne, da zwitschern die Vögeln, die Welt, die wir sehen ist doch in Ordnung ..."?

Was für eine Chance haben wir, als eure Coaches, eure Begleiter, euch unter die Arme zu greifen und euch zu sagen: „Komm, wir zeigen dir, dass du es auch leichter haben kannst."?

Das Problem ist: Wir haben „gegen" die „verkehrte Welt" scheinbar nichts in der Hand. Kein Konzept, keine Garantie.

Die verkehrte innere Uhr

Wir können nicht in einem Buch ein paar Seiten nach vorne durchblättern und euch zeigen „Schau, wenn du mit uns diesem Pfad folgst, dann wird es dir so und so gehen und du wirst das und das alles haben, wirst glücklich und zufrieden sein, es wird dir an nichts fehlen.". Ich meine, wir sagen es euch ständig. Aber ihr wisst: der Zug fährt, die Sonne scheint und in euren Köpfen redet irgendetwas – aber was, wenn doch nicht?

Ist das dann ein Wunder, dass ihr auf das schwere, unfreundliche Leben vertraut?

Was ist schon dabei wenn man sich in dieser permanent enttäuscht? „Eh nichts Neues." Da droht euch keine (unbekannte) Gefahr, keine Enttäuschung, kein Trauma, kein Schmerz, keine Verletzung mehr – wenn, dann vielleicht nur ein Seufzer: „Ich habe es doch gewusst" oder „Nicht schon wieder!" bzw. „Warum schon wieder?" aber auch „Schon wieder???"

Also noch einmal die ursprüngliche Frage:

Warum tut ihr es? Warum vertraut ihr auf das verkehrte Leben?

Die Antwort heißt – weil ihr es nicht anders wisst. Ihr habt es schon so lange getan, es hat sich langsam eingeschlichen und es wurde immer mehr, immer größer. Jetzt steckt ihr mittendrin, wisst teilweise darüber Bescheid, aber ihr wisst nicht, was ihr tun sollt. Und der Haken an der Sache ist ...

... ich hoffe ihr wisst es jetzt schon!

Ihr braucht gar nichts tun! Wenn ihr endlich anfangt, in der verkehrten Welt NICHTS zu TUN, beginnt diese zu bröckeln. Sie steht doch so und so nur auf wankenden Füßen (wie soll es sonst mit verkehrten/verdrehten Füßen sein) und beruht auf einem unlogischen Konzept. Seht, diese Welt wird nur durch Eile und das Eilen aufrechterhalten. Schnell, schnell das und das und noch das TUN bevor alles zusammenbricht, damit nicht alles zusammenbricht.

Und!?

Wenn ihr zweifelt, auf welcher Seite ihr steht, auf was ihr vertraut, braucht ihr nur NICHTSTUN und es offenbart sich für euch, wo ihr steht. Steht ihr einen Schritt daneben und ihr bewegt euch nicht – ihr lasst euch nicht antreiben – kann die Welt auf euch nicht wirken und hört sie auf, die natürliche Welt dahinter zu überlagern.

Meine lieben Freunde, das NICHTSTUN zu beabsichtigen ist das Beste, was ihr manchmal sogar oft tun könnt. Seid ihr nämlich den besagten einen Schritt von der Wahrheit entfernt – wie wir es schon gelernt haben – und ihr tut

Die verkehrte innere Uhr

nichts, gebt ihr euch selbst die beste Chance, das sich der eine Schritt, wie unlogisch es für euch auch wieder klingen mag, von selbst tut. Das heißt, ihr braucht nicht einmal den einen Schritt zu der Wahrheit selbst tun, der kommt von alleine zu euch, weil das das Natürlichste im Universum ist.

Versteht ihr jetzt, was ich meinte – warum das NICHTSTUN ein hervorragendes <u>Instrument</u> ist?

Ich freue mich auf die nächste „Sitzung", es wird spannend. Schöne Stunden noch, ich weiß, ihr findet zwischen den Zeilen eure Antworten.

Niemandsland

Ich bin geschlaucht, ich habe wieder zugenommen, obwohl ich mich ausgezehrt und abgemagert fühle. An verschiedenen Stellen scheinen Blockaden zu sein – mir ist kalt, ich bin überempfindlich, die Energie scheint nicht richtig zu fließen. Ich fühle mich richtig „krank". Und ich habe keine Ahnung womit es zu tun hat oder welches Thema es betrifft. Was ist mit mir los?

Ich bin auf deiner Seite, aber wo bist du?

Das ist eine gute Frage. Wo bin ich?

Du bist überall und nirgendwo. Du könntest beiseitetreten, um dir anzusehen, wo du gerade stehst und warum du dort stehst.

Ich weiß nicht wie und das Einzige, was ich spüre, ist diese Kälte an verschiedenen Körperstellen, die sich jetzt noch mehr ausbreitet. Bin ich verkehrt?

Warum glaubst du, dass du verkehrt bist? Nur weil dir kalt ist?

Weil ich verunsichert bin?

Was soll ich dir sagen, wenn du gerade im Prozess bist?

Ich weiß nicht ... Vielleicht wo ich mich verfahren habe, wo stecke ich fest? Oder ob ich der Zugreisende bin, der alles aus der „verkehrten" Perspektive interpretiert. Das ist sicherlich das, was mich jetzt am meisten beschäftigt. Es kommt mir blöd vor, wenn ich der Verfahrene bin. Das ist dann wirklich eine bescheuerte Sache, weil du mir das dann gar nicht beantworten kannst, weil, wie du schon vorher sagtest, wenn ich verfahren bin, wie soll ich dir glauben, was du sagst. Die Zweifel kannst du mir wahrscheinlich nicht ausreden – es scheint unmöglich. Und ich habe das Gefühl, du lässt mich in meinem eigenen Saft schmoren.

Was soll ich deiner Meinung nach tun?

Wenn ich es wüsste, würde ich dich wahrscheinlich darum bitten, aber ich weiß es eben nicht. Du bist derjenige, welcher diesen Weg schon gegangen ist. Du bist der mit Überblick und Klarheit, mit dem direkten Draht nach „oben", wo alles möglich ist. Du hast Erfahrungen mit solchen Sachen ... Ich meine, was würdest du mir, aus deiner eigenen früheren Erfahrung empfehlen? Was soll ich tun? Ich weiß, ich weiß – das NICHTSTUN – aber sonst? ... bla-bla-bla ... Ich komme mir selbst wie ein Idiot vor. Ich weiß, dass alles nur bla-bla-bla ist. Aber warst du selbst irgendwann in so einer Situation? Was hast du damit gemacht?

Was ich damit gemacht habe? Das ist irrelevant. Meine Erfahrung ist für dich nur insofern wichtig, dass du

Kann eine Erkenntnis wehtun?

dir vorstellen könntest, wenn ich irgendetwas Ähnliches erfahren habe, dass ich dich als dein Begleiter, dein Coach, einigermaßen verstehen kann; in etwa weiß, um was es geht und dich aus diesem heraus coache. Meine Erfahrung war meine und hat meinem Verständnis der Dinge gedient. Deine Erfahrung ist diejenige, welche du im Augenblick brauchst, um dein Verständnis zu erlangen. Die momentane Situation spricht deine Sprache und deswegen würde dir meine vergangene Erfahrung nicht viel helfen, weil es in meiner damaligen (!) Sprache wäre und ich müsste es dir übersetzen. Und was glaubst du, was tue ich gerade? Was tue ich, wenn ich dich zum Beispiel durch so eine Situation wie jetzt begleite? Aufgrund meiner eigenen Erfahrungen spreche ich mit dir eine Sprache, von der ich weiß, dass du sie verstehen kannst. Ich weiß, ich weiß … du glaubst jetzt im Moment überhaupt nichts zu verstehen, aber du weißt auch aus deinen vergangenen Erfahrungen, dass dieser Zustand öfter vorgekommen ist und sich nach einiger Zeit alles geklärt hat und du die Sprache der Situation letztendlich wunderbar verstanden hast. Ich weiß, du glaubst, du könntest im Moment verfahren oder geblendet sein und dass du dich wieder ausrichten musst, den besagten Schritt zu der Wahrheit machen musst, und egal wie du dich bemühst, es scheint nichts zu geschehen. Warum? Weil wir dich alle im Stich lassen oder vielleicht deswegen, weil du gar nicht abseits, daneben, verfahren oder sonst was bist, sondern gerade dort bist, wo du sein sollst? Was sollte dann geschehen?

Welche Wahrheit soll noch auf dich zukommen, wenn du gerade direkt in ihr steckst? Dass sie sich für dich nicht angenehm anfühlt, dass sie dich krank zu machen scheint – ah, wie viele Male in deinem Leben hast du gerade dieses schon erlebt? Seit deinen Kindertagen haben dich bestimmte Dinge „krank" gemacht. Und vielleicht geht es jetzt nur darum, zu erkennen, was es war.

Kann die Wahrheit einen krank machen?

Kann sich die Wahrheit für einen unangenehm anfühlen? Schmerzen? Brennen? Kopfschmerzen verursachen?

Glaube mir, würde die Wahrheit bei den Menschen dies alles nicht verursachen, würden sie freiwilliger und viel öfter in ihre eigene Richtung schauen.

Warum? **Warum kann eine Erkenntnis wehtun?**

Das ist eine gute Frage. Warum?

Na gut. Ich helfe dir ein wenig, weil ich schon sehe, dass du innerlich auf der Spur bist. Eigentlich könntest du es jetzt selbst sagen, aber ich übernehme es diesmal noch für dich.

Nehmen wir wieder unser Zugbeispiel. Der verwirrte Reisende, der jetzt mit einem Verbündeten für seine (!) Wahrheit kämpft. Seine Absichten sind ohne Frage die besten. Er will alle anderen, die sich der drohenden Gefahr nicht bewusst sind, retten. Aus seinem Wesen heraus fühlt er sich verpflichtet, das zu tun, was zu tun ist – wenn er ein „ganzer Kerl", wenn er ein richtiger, ehrlicher, hilfsbereiter Mensch ist. Er ist sogar bereit, sein Leben zu riskieren, um die Katastrophe abzuwenden und anderen die Augen zu öffnen.

Nehmen wir jetzt an, er bastelt mit seinem Kumpel einige Jahre an seinem Plan, damit alles ganz schön bedacht ist, nicht unnötigen Gefahren ausgesetzt wird und der Erfolg garantiert ist. Und der Zug fährt währenddessen immer schnurgerade an der sonnigen Landschaft vorbei. Er lässt sich jedoch von diesem, für ihn sonnigen Schein nicht täuschen, nicht irritieren. Er denkt, das alles sei nur ein Ablenkungsmanöver, jemand will ihn besänftigen, von seiner Konzentration, seiner Aufmerksamkeit abbringen. Seine Träume unterstützen ihn immer wieder in seinen Bedenken und liefern ihm noch ausgebautere Bilder, die er sehen will bzw. braucht, um seinen Rettungsplan auch verwirklichen zu können. Er schwingt halt jetzt auf dieser Welle oder wie ihr so sagt – er ist jetzt auf diesem Trip. Was soll er also sonst für Informationen anziehen? Jeder bekommt doch das, was er braucht! Er geht sogar so weit, dass er als ein richtiger Edelmann all seine persönlichen Bedürfnisse zurückstellt. Alles in seinem Leben wird dieser einen, scheinbar übergeordneten Idee unterstellt. Edler kann doch ein Mensch kaum sein. Fast ein Heiliger, der gar nicht mehr auf sich selbst, sondern an das Wohl der anderen und der Welt denkt! Was ist daran auszusetzen? Was ist dem entgegenzusetzen? Sein Leben scheint sich an einem Höhepunkt zu befinden. Kann es noch einen anderen, einen höheren Sinn des eigenen Lebens geben als das, was er bereits tut? Würde er noch etwas Besseres, Edleres, Höheres kennen, dann würde er sicher nicht zögern und wäre bereit, auch das zu tun – egal was für Opfer er dafür bringen müsste.

Und dann passiert es!

Irgendetwas Schicksalhaftes. Zum Beispiel Liebe. Sie steigt zu ihm in den Wagon (so ähnlich wie im Buch „Das Experiment"[6], wo Klara zu Jan in den Container kommt) – eine Dame mit einer seltsamen Ausstrahlung. Er ist verwirrt. Die Ausstrahlung und die Dame kommen ihm bekannt vor, es fühlt sich vertraut an. Im Gegensatz zu anderen stellt sie keine Fragen, sie fährt einfach mit, egal wohin der Zug oder er fährt. Unglaublich. Irgendetwas um ihn wird anders. Er weiß nicht so recht, was er mit der Situation, mit der Frau, anfangen soll, aber irgendetwas in ihm entzieht sich seiner Kontrolle. Egal, wie er sich auch bemüht bei Verstand zu bleiben, bei seinem Plan; diese Frau lässt ihm keine Ruhe, sodass sogar sein „neuer" Kumpel misstrauisch wird. Irgendwie ist der Reisende nicht mehr ganz bei der Sache und die Frau scheint daran schuld zu sein. Sie zieht aus irgendeinem

---

6   Buch „*Erwachen im MenschSein – Das Experiment*"

Kann eine Erkenntnis wehtun?

Grund die Aufmerksamkeit des Mannes auf sich. Und sie zeigt ihm – ohne irgendwelche bestimmte Absichten – die Sonne, die Wiese, die Vögel und er hört ihr zu. Er schaut und ist sogar daran interessiert, was sie ihm zeigt. Er weiß nicht warum, aber er vertraut ihr und kann nicht anders, er zeigt ihr auch seine Welt. Und sie sieht, sie versteht, aber sie verliert dabei ihren Blick für die malerische Landschaft, das lebendige Zwitschern der Vögel und die wärmenden Strahlen der Sonne nicht.

Jetzt überspringen wir einen langen Teil und kommen dorthin, wo die Geschichte hin will. Mit Hilfe dieser Frau beginnt der Mann, seine Augen auch für die „andere" Welt wieder zu öffnen, sie zuzulassen. Und er kommt ins Schwanken. Er sieht auf einmal „ihre" und „seine" Welt. Er schwankt hin und her, hin und her. Nach und nach leuchtet ihm ein, dass irgendetwas nicht stimmen kann. Wenn er sich in „ihrer" Welt bewegt, wird es dort sonnig und ruhig, wenn er sich in „seine" Welt begibt, wird es dort ängstlich, nervös, treibend und kämpferisch. Und **er hat** plötzlich **die Wahl. Er hat immer wieder die Entscheidungsmacht, in welcher Welt er sich bewegen will, was er empfinden will.** Und wenn er die Wahl hat, warum sollte er das Kämpferische, das Unruhige wählen? Nun, er kann es nicht glauben. Er weiß nicht, was es zu bedeuten hat. Warum dieser Unterschied? Entscheidet er sich für „sie", was wird aus ihm und aus seinem Lebensplan? Was wird aus seinem Leben? Er muss doch retten, helfen, wegweisen – das ist es doch, was seinem Leben, seinem Dasein einen Sinn gegeben hat. Wenn er bei „ihr" ist, braucht er überhaupt nichts tun. Alles ist friedlich, ruhig, harmonisch, scheint von sich aus zu funktionieren. Der Zug fährt dahin, die Sonne scheint, die Vögel zwitschern … Ist das ein Leben? Hat das einen Sinn? Im Zug zu sitzen, NICHTSTUN und sich fahren zu lassen? Gäbe es nur diese Frau nicht!

Kopfschmerzen und ein Gefühl der Leere plagen ihn. Er befindet sich in einem Niemandsland. Nicht da und auch nicht dort. Was soll er tun? Was soll er nur tun? Er weiß, er muss sich entscheiden, er muss sich bald entscheiden. Er kann nicht ewig zwischen zwei Gleisen fahren, zwischen zwei Stühlen sitzen, im Niemandsland harren. Er kann bzw. will sich nicht entscheiden. Er weiß nicht, für was er sich entscheiden soll. Für die Sinnhaftigkeit und die Berechtigung seines Seins oder für das scheinbare Nichttun, ohne Sinn und Plan?

Was soll er in der Welt der Frau „tun"?

Jahrelang schmiedete er Pläne, zu organisierte, überzeugte, erklärte, argumentierte, analysierte, passte auf, kontrollierte und kämpfte. Er ist stolz auf das alles, was er gelernt, getan, bewirkt hat – und jetzt? Wird dies alles, was er kann, in der anderen Welt nicht gebraucht. Was soll er dort tun? Wer soll er dort sein? Ein Niemand?

Kann eine Erkenntnis wehtun?

Kopfschmerzen, Bauchweh, Blähungen ... und alle anderen möglichen unbehaglichen Empfindungen plagen ihn in diesem Niemandsland.

Er ist sich nicht sicher, er weiß es nicht ... er ist nicht fähig, sich zu entscheiden. Er glaubt, sich gegen sich selbst entscheiden zu müssen und das kann er nicht. Das Beste wäre – denkt er sich – die Frau geht weg, wieder dorthin, woher sie gekommen ist – lässt ihn alleine mit seiner Qual. Warum soll ihm dabei jemand zuschauen?

Aber die Frau kann nicht weg. Sie war immer da. Sie hat immer neben ihm gesessen, nur hat er sie eine Zeit lang nicht gesehen. Jetzt – nachdem er sie erkannte – kann er sie nicht mehr ausblenden und sie kann auch nicht weggehen. Dort ist ihr Platz, ihr Leben. Und er kann sie nicht mehr nicht sehen, aus seinem Gedächtnis, aus seinem Bewusstsein streichen, genauso wenig wie die sonnige Welt und das Wissen darüber, dass es diese dort draußen auch gibt. Er war einfach so weit! Unbedeutend, zu fragen warum oder weswegen. Seine Zeit war gekommen, er hat angefangen auch die „andere" Seite zu sehen.

Kopfschmerzen, Brennen, Übelkeit ...

All die Jahre der Vorbereitung auf einen Kampf, auf einen Sieg oder eine Niederlage. Das alles umsonst? Jetzt, so kurz vorm Ziel dies alles aufgeben? War das alles falsch was er gemacht hat? Sein ganzes Leben auf der verkehrten Bahn? Alles verkehrt gesehen, gedacht? Wer ist er und warum hat er das getan?

Kopfschmerzen, Augenrötungen, Sodbrennen, Erbrechen, Krampf ...

Wie kann er jetzt nur den Rest seines Lebens damit leben, dass er sein ganzes oder halbes Leben in Blindheit und einem irrwitzigen Kampf lebte, dass er die Zeit vergeudete? Er weiß es wieder! Einst hatte er so viel vor ... Er wollte das und das tun ... Er war voll Zuversicht und Elan und dann kam „die Sache", die wichtiger wurde als er selbst und er opferte sich, ohne zu zögern, dafür auf. Und jetzt? ... jetzt ist es zu spät. Jetzt ist er alt, ausgelaugt, müde, verletzt, verwirrt, verkrampft, gedemütigt, abgekämpft, hoffnungslos ...

Kopfschmerzen und all die anderen Schmerzen ...

Die Seele tut weh, das Herz scheint zu bluten ... er war bereit, es sich herauszureißen, den anderen anzubieten, zu schenken – so weit war er ... so selbstlos ... nur an sich hat er nicht gedacht.

Trauer, eine endlose Trauer ...

Und trotzdem ist alles gut, alles im Plan. Er macht gerade eine bewegte, tiefe Erfahrung des Selbsterkennens, des Selbstseins und der Grenzen der Menschlichkeit, des Menschlichen, des Menschseins.

Trauer, eine endlose Trauer und Scham ...

... das hatte er sich am Anfang seines Lebens nicht gedacht. Er hatte etwas Großes vor mit seinem Leben – die Erfahrung von sich selbst im Menschsein ...

und ...

die Sonne scheint, die Vögel zwitschern, es ist ein wunderschöner Tag ...

Teil 2

Erwachen im Labyrinth

oder

Der Zugreisende im Selbstgespräch

Beim Leben tot oder beim Tode lebendig?

Die Worte scheinen mir im Wege zu stehen, um das auszudrücken was sich in mir tut – gefühlsmäßig. Die Sprache scheint eine Barriere für den Ausdruck des Zarten, Fließenden, Geschmeidigen darzustellen. Ich weiß es nicht. Ich scheine mich automatisch, wenn ich in Worten denke, von dem einen Gefühl zu einem anderen Gefühl zu bewegen, dem Abstandsgefühl (Wie kann es aber ein Gefühl sein?) und so scheine ich dann auch die ganze Zeit zu leben – im Abstand. Im Abstand zu was? Zu mir? Höchstwahrscheinlich – oder aber auch zum Leben. Was lebe ich dann? Und hier beginnen schon die unendlichen inneren Diskussionen, die mich von dem, was ich fühle, was jetzt da ist, wegbringen. Ich glaube nicht, dass man Gefühle nicht in Worten ausdrücken kann. Jetzt jedoch, statt sie zu fühlen, denke ich über sie nach oder denke ich sie mir sogar aus – ich weiß es nicht.

Wenn es in mir dunkel, stechend, brennend wird – sind es dann Gefühle? Nein, es sind Empfindungen und keine Gefühle, um die es mir geht. Warum ist es so schwierig? Warum; wenn es mir früher – soweit mich meine Erinnerung nicht täuscht – ganz einfach, natürlich war? Das ist die Entwicklung? Weg vom Gefühl? Weg von dem Fließenden, Geschmeidigen, Ruhigen, Zarten? Kommt es mit dem Altern oder ist es die Verführung der Partnerschaft, der Ehe, des Zusammenlebens – weg von sich zu kommen? Ist es die Falle der Sprache oder des zu viel wissen oder zu viel wissen wollen? Ist das die Neugier, die ständige Forscherei, Analyse, Schau? Geist und Kopf, statt Gefühl und Herz? Ist das der „Change"? Ein Pakt, ein Vertrag? Die an den Teufel verkaufte Seele? Entweder das oder das? Im Sinne von: Beides kann man nicht haben, also entscheide dich Mensch!

Ich weiß, ich kann es, es war noch vor einem Augenblick da. Ich wusste genau, was ich sagen wollte und jetzt? Mund geöffnet, die Zunge für die ersten Buchstaben bereit – und alles ist weg. Dunkel und stumpf im Kopf, ein schwarzes Loch, nur eine vage Erinnerung an das, was vor einem Augenblick da war. Als hätte es mir jemand geklaut. Hey! Wer klaut meine Gefühle? Hey du, was fängst du damit an?! Wozu brauchst du sie? Es sind doch meine – oder?

Und alles nur Worte … viele Buchstaben – nur ein verzweifelter Versuch, ins Fließen zu kommen. Noch immer ist die Hoffnung da. Die Hoffnung, dass wenn ich mich lange genug anstrenge, kommt es raus, das scheinbar Natürliche – das, was mich einst ausgemacht hat. Und Worte, weitere Worte und nichts, immer noch nichts. Was ist es für eine Erfahrung, was für ein Schwachsinn? Jahre meines Lebens habe ich mit scheinbar klugen, gescheiten Worten gefüllt, mit möglichen Wahrheiten,

Möchtegerns durchschauenden Ansichten, aufzeigenden Blickrichtungen, unüblichen Perspektiven. Wozu das Ganze? Für wen? Um mir selbst (und anderen) zu beweisen, dass ich gescheit, dass ich „groß" bin? Was für einen Sinn haben solche scheinbar höheren Wahrheiten, wenn sie vom Abstand, vom Abstand zu mir selbst geschrieben und/oder gesprochen sind? Wer soll es mir abkaufen? Sind sie überhaupt von mir?

Was und wem bringt das Ganze etwas, wenn ich selbst in einer Zwickmühle stecke und mir selbst keinen Rat weiß? Was bringt die ganze Entwicklung, die ganze Spiritualität, das Wissen über die Liebe und das sonstige Allerlei, wenn in mir irgendetwas verkümmert ist. Was für ein Spiel ist das, zu glauben, endlich das Wahre gefunden zu haben, auf dem richtigen Weg zu sein? Die Liebe jeden Tag neben sich sitzen zu haben und dabei doch das eigene Sein verkümmern zu sehen? Ist das das Ziel? So schaut der Weg aus? Zu Gott, zur Ewigkeit?

Wozu leben? Wo ist der Sinn? Für Verkaufszahlen? Für Anerkennung? Für Lob? Für Geld? Geldverdienen? Dafür, anderen den Weg zu weisen? Welchen Weg? Den Weg, wie man zu sich selbst in Abstand kommt – sich von sich selbst entfernt? Sich zurücknehmen, aufzugeben, neben sich zu stehen? Was ist mit mir passiert? Wo bin ich stecken geblieben? Wo bin ich abgebogen? Warum? Wie ist es geschehen? Und was für eine Rolle spielt es; warum, wie, weswegen?

Schon wieder grübeln, überlegen? Was sagt das Gefühl? Was ist ein Gefühl? Wer hilft mir auf die Sprünge? Gefühl ... Gefühl ... nur ein Wort ... sonst nichts ... ich bin tot ... ich weiß nichts mehr ... ich fühle nichts mehr ... ich spreche nur und spreche, um mich nicht wie tot zu fühlen? – vielleicht. Viele Worte ... Worte ... Worte ... Bei lebendigem Leibe begraben, bei lebendigem Fleische verfault, ungenießbar, nicht zu gebrauchen. Worte ... Worte ... Worte ...

Meine liebe Seele, mein „Ich" ... „Ich" – was sagst du dazu? Was ist passiert? Wo bist du? Warum bist du weggegangen und hast mir nur viele Worte hinterlassen. Habe ich dich nicht beachtet, wollte ich dich nicht haben? Habe ich dir wehgetan? Wollte ich nicht auf dich hören, dich nicht spüren? Wurde mir etwas anderes wichtiger als du, also als ich? Warum? Wie konnte es passieren? Warst du zu selbstverständlich? Immer bei mir? Immer da?

Wie konnte das passieren? Ist das passiert? Der Tod? Ist das der Tod, wenn du weg bist, wenn ich dich schon als „Du" statt „Ich" bezeichne? Wenn ich mich von dir getrennt habe? Wie geht das überhaupt? Das kann doch nicht sein! Nein, bei allem verwirrten Verstand, das kann doch nicht sein! Was ist das für ein Spiel? Ein blödes Spiel? Warum spielt es jemand mit mir? Warum hat mir jemand dieses Spiel gezeigt? Warum habe ich mitgespielt? Warum weckt mich niemand? Warum bringt mich niemand von diesem Spiel weg? Will ich es spielen? Das kann doch nicht sein?! Gefällt es mir? Nein, das kann nicht sein! War mir langweilig, wollte ich mir die Zeit vertreiben? Wollte ich eine Herausforderung? Wollte ich gewinnen, allen zeigen, die das Spiel noch nicht gewonnen haben: Ich kann es? Das kann doch nicht sein, das hört, fühlt sich nicht nach mir an. Also warum?

Und wenn das kein Spiel ist? Wenn das das Leben ist? Das große, wunderbare, ersehnte Leben? Das Leben, welches ich mir immer erträumt habe? So fühlt es sich an? So leer, unwichtig, ohne Sinn? Das kann doch nicht sein! Das ist doch nicht meins. Nein, das ist nicht mein Leben. Aber was ist es dann? Wessen Leben ist es? Wer lebt so etwas? Wer will so leben und warum lebe ich es mit? Warum? Aus Liebe, aus der Vorstellung heraus was man für Liebe tun muss, was die Liebe einem abverlangt? Was für eine Liebe ist das? Was für eine Liebe soll es sein? **Welche Liebe lässt das Leben nicht leben? Welche Liebe lässt das Leben tot erscheinen. Welche Liebe lässt nicht lieben?** Wie kann es sein? Wie kann so etwas überhaupt sein? Nein, das kann nicht sein. Wirklich, egal was mir wer einreden, zeigen, damit vermitteln will, das kann nicht wirklich sein. Ich weiß, ich könnte eines Besseren belehrt werden. Ich weiß, ich könnte mit diesen Worten herausfordern, sodass man mir zeigt, dass es möglich ist. Aber nein ... ich weiß nicht warum ... ich werde es nicht glauben. Ich weiß es. Ich habe das Leben gespürt, auch wenn vielleicht „nur" in meinen Vorstellungen, in meinen Träumen. Ich habe die Liebe gesehen, wahrgenommen, praktiziert, über sie Bescheid gewusst, sie gelebt, geliebt – aber wie könnte ich es in meinen Träumen tun, leben, lieben ... Nein, nein – dass könnt ihr mir nicht weismachen, das könnt ihr mir nicht beibringen. Egal was ihr mir zeigt, wie tot ich mich anfühle – ich habe es gefühlt, gelebt – das Lebendige.

Warum gehe ich von diesem scheinbar verkehrten Leben, verkehrter Liebe, diesem seltsamen Spiel nicht weg? Warum verlasse ich es nicht? Warum kehre ich nicht zu mir zurück? Warum? Habe ich meine Rückfahrkarte verkauft, verspielt? Habe ich mich verfangen, bin ich hängen geblieben? Finde ich nicht heraus? Kenne ich den Weg nicht oder gibt es den Weg nicht mehr? Habe ich die Zeit verpasst, die Chance vergeben, ein Eigentor geschossen? Bin ich jetzt verdammt, für immer in diesem, was nichts ist und nicht sein kann, zu bleiben? Tot vegetieren? Was für eine Welt ist es, aus der es keinen (Aus)Weg (zurück) gibt? Was für eine Welt ist es, die einen schluckt, beschlagnahmt und nicht wieder ausspucken will? Wie kann es so eine Welt geben, die einen tot, hilflos, orientierungslos, ausgeliefert macht? Nein, so eine Welt kann es nicht geben! Nein, das könnt ihr mir nicht weismachen. **Ich bin nicht hilflos und ausgeliefert, nein, nein – so eine Welt kann es nicht geben, sie kann nicht sein!** Ihr könnt es ruhig glauben, ich tue es nicht. Ihr könnt gerne damit hadern, ich will es nicht.

Warum dann aber, warum scheine ich aber doch in dieser Welt zu sein? Warum scheint sie mich zu beeinflussen, warum klaut sie mir meine Gefühle, mich?

Warum glaube ich plötzlich den Blödsinn, den Schein, den es gar nicht geben kann und nicht gibt? Warum? Bin ich auf den Kopf gefallen? Hat man mir meinen Verstand infiziert, gelöscht, umprogrammiert? Nein, nein – dass wollen sie mir weismachen, aber das kann nicht sein! **Ich bin nicht hilflos, ich bin nicht ausgeliefert, ich bin nicht machtlos** – nein, sie haben keine Macht! Aber warum haben sie sie dann doch? Warum? Warum, wenn es das nicht geben kann, wenn es das nicht gibt – das weiß ich doch. Also warum? Was ist mit mir passiert? Wo habe ich mich verdreht, worauf bin ich hereingefallen? Was für einen Schaden habe ich mir zugefügt, dass ich plötzlich glaube, obwohl ich es nicht wirklich glaube, dass es das sein kann oder dass es das wirklich ist. Unlogisch ... verkehrt ... verdreht ... auf den Kopf gefallen ... das alles kann nicht sein. Wie kann es eine „Unlogik" geben? Wie kann es etwas „Verkehrtes", „Verdrehtes" geben? Kann es nicht. Nein, nein – das kann es nicht geben, das könnt ihr mir nicht weismachen.

Ist es das? Habe ich es mir mit euch verscherzt, weil ich es euch nicht glauben wollte? Habe ich euch ausgelacht? Habe ich euch beleidigt? Bedroht? Wie konnte ich es, wenn ich gar nicht wusste, dass es euch gibt? Nein, das kann es auch nicht sein. Nein, nein – dass könnt ihr mir nicht weiß machen, das kaufe ich euch nicht ab.

Wie kann es euch also geben, wenn es euch einst nicht gegeben hat? Wie könnt ihr einen Einfluss, eine Forderung an mich haben, wenn es euch nicht gibt? Wenn es irgendetwas nicht gibt, kann es auch nichts tun, kann es keine Macht haben – weil es nicht ist, so einfach ist es. Also – von wo seid ihr plötzlich in meine Welt gekommen? Bin ich einer von euch? Bin ich es, der euch erschaffen hat? Wie konnte ich es, wenn ich von euch nichts wusste? Habe ich euch erträumt, habe ich euch ausgedacht? Wie konnte ich es, wenn ich euch noch nie erfahren habe, wenn ich nichts von euch gewusst habe. Nein, nein – das kann es nicht sein, aber wie denn dann?

Wie kann ich aber mit euch reden, wie kann ich über euch reden, wie kann ich alles auf euch schieben, wenn es euch nicht gibt. Warum tue ich es? Wie kann es sein? Tue ich es? Bin ich das? Wie und warum? Wie kann es sein, dass ich tue, was ich nicht weiß und nicht will? Wie? Das kann nicht sein, nein, nein – dass kann wirklich nicht sein – aber warum ist es das doch? Ist es das?

Was ist das hier für eine Welt, in der es keine Antworten gibt? Was ist das für eine Welt, in der nach jeder Frage anstatt einer Antwort die nächste Frage auftaucht? Die Welt der Fragen statt der Antworten – wie kann so etwas sein?

Was hat dies alles mit mir zu tun?

Nichts?

Aber warum dann ...

Wenn es eine solche Welt nicht gibt – und das glaube ich zu wissen – wie kann sie auf mich wirken? Wie kann sie mir Schmerz zufügen? Wie kann sie mich verletzen? Wie kann sie mich traurig machen? Wie kann sie mich verwirren, täuschen, plagen, beschäftigen?

Kann sie nicht!

Aber warum fühle ich dann Schmerz, Verletzung, Trauer, Wut, Ärger?

Warum fühle ich mich verwirrt, getäuscht, geblendet, verraten, verlassen, alleine?

Warum? Warum fühle ich irgendetwas, was es nicht geben kann? Warum füge ich mir scheinbar das zu, was es nicht geben kann? Warum beschäftige ich mich damit? Warum gebe ich dem Bedeutung, Macht, Sinn? Warum tue ich es?

Tue ich es? Wie kann es das sonst geben? Wieso kann ich es dann fühlen? Wie kann es dann wirken? Tut es das? Was hat dies alles mit mir zu tun? Nichts? Oder doch etwas?

Bin ich krank?

Habe ich zu wenig zu tun?

Ist mir fad?

Nein?!

Was dann?

———

… und die Sonne scheint, die Vögel zwitschern, es ist ein wunderschöner Tag …

ANGST VOR DER ANGST

Was ist „das" für ein Gefühl? Angst? Warum spüre ich Angst? Angst – wovor? Ist es das, was ich spüren wollte, wonach ich gerufen habe? Spürte ich deswegen nichts, weil ich die Angst nicht spüren wollte?

Was ist passiert? Habe ich Angst davor? Habe ich Angst vor der Angst? „Angst" – was für ein Wort? Schon das Wort selbst, mehrmals hintereinander gesagt, klingt sehr unreal. Zusammengewürfelte Buchstaben. Angst? Woher kommst du? Warum hast du mich besucht? Warum habe ich dir Zutritt gewährt? Warum besuchst du mich jetzt immer wieder, jeden Tag und jede Nacht? Kannst du nicht genug von mir bekommen? Hast du mir etwas verschwiegen? Bin ich dir etwas schuldig? Habe ich dir etwas versprochen? Wenn da etwas ist, warum können wir nicht wie zwei Erwachsene darüber reden, Auge in Auge, von Angesicht zu Angesicht? Warum versteckst du dich? Oder will ich dich nicht sehen? Ganz ehrlich – was haben wir zwei miteinander zu tun? Angst? Warum Angst? Bin ich die Angst? Nein, das glaube ich nicht …

Na sag schon, was hast du zu sagen? Sprichst du nicht? Warum? Bin ich es dir nicht wert? Ist das meine Angst, dass ich nicht einmal der Angst wert bin, dass sie mit mir spricht? Deswegen die Angst vor dir, vor der Wahrheit, dass ich nichts wert bin, nur ein Haufen von Angst? Gegen was kann man schon Angst eintauschen? Wer ist schon an Angst interessiert? Wer will schon die Angst haben?

Ist es das, was du mit mir besprechen willst – weil ich dir keinen Wert beimesse? Belächele ich dich mit: „Was ist schon Angst?", „Wer hat schon Angst?", „Was kann die Angst schon tun?", „Was kann die Angst schon bezwecken?" – ist es das, wodurch ich dich herausgefordert habe? Willst du es mir jetzt zeigen – was du alles kannst? Ist das ein Spiel, das ich initiiert, gestartet habe? Ich – überheblich, präpotent der Angst gegenüber.

Aber wenn es dich nicht gibt, was spielt es schon eine Rolle, ob ich dem gegenüber, was es nicht gibt, überheblich bin? Und??? Wie kann ich irgendetwas gegenüber, was es nicht gibt, überheblich sein? Wollte ich überheblich sein? Wollte ich mich über – heben? Über was wollte ich mich (er)heben? Über dich – Angst? Wozu – wenn es dich nicht gibt? Habe ich dich erschaffen – damit ich mich über dich heben kann? Wollte ich mich selbst erheben? Größer machen als ich bin? Solltest du mir dazu dienen? Solltest du mir helfen größer zu werden? Wollte ich anderen mit deiner Hilfe Angst machen? Ist es das, weswegen du mich immer besuchst – willst du nur das tun, um was ich dich gebeten habe, weswegen ich dich erschaffen habe? Aber warum, warum wollte ich größer werden? War ich nicht groß genug?

Warum war ich mir nicht groß genug?

War ich mir nicht groß genug?

Und wann bin ich mir groß genug, damit die Angst nicht mehr kommen braucht? Ich will nicht mehr, ich will nicht mehr dieses Spiel „Groß und Klein". Kann ich einfach aufhören, wenn ich nicht mehr will? Kann ich die Angst wieder zurück erschaffen, auflösen? Kann ich das Ganze stoppen – habe ich es damals, am Anfang, bedacht ... die Stopptaste zugefügt?

Warum, warum nur **habe ich mich klein gefühlt?** Warum? Wie geht es, sich klein zu fühlen, wenn man über klein nichts weiß. Wie konnte ich klein sein, wenn es kein „klein" gibt? Wie konnte ich „groß" werden wollen, wenn es kein „groß" gibt? **Ist es diese Angst, die jede Minute bei mir ist – die Angst, nicht groß werden zu können, aus dem Wissen, dass es kein Groß gibt?** Weilst du deswegen bei mir, Angst? Ängstige ich mich davor, dass ich für immer klein, unscheinbar und unsichtbar bleibe? Aber wie kann ich das, wenn ich nie klein war und es nichts „Kleines" gibt? Wer hat es mir eingeflüstert? Wer oder was hat mich auf die Idee von „klein" und „groß" gebracht. Warum? Wollte ich das? Wollte ich etwas haben, was ich nicht hatte, was ich nicht kannte? Wollte ich etwas sein, was ich nicht war? Und will ich es noch immer? Will ich noch immer, jede Minute, jeden Tag, etwas anderes sein als ich bin? **Wie soll das gehen, etwas anderes zu sein, zu werden als ich bin?** Ist die Angst deswegen immer präsent, weil ich nicht weiß, wie ich etwas anderes werden kann, als ich bin? Wie geht das, wie macht man das …?

Egal was ich mache, die Erfahrung sagt immer – ich bin noch immer derselbe.

Egal, wie ich mich in Angst verliere – was auch immer ich tue. Ich bin ich – noch immer derselbe; ich bin noch immer das, was ich bin und war. Ist es das, wovor ich Angst habe, dass ich mich nie verändern kann, dass ich immer auf das Eine, immer das Gleiche verdammt bin, egal was ich auch tue? Warum ist es schlimm? Ist es schlimm ich zu sein? Warum sollte es schlimm sein – das verstehe ich nicht? Warum sollte ich es nicht wollen? Warum sollte ich etwas anderes werden wollen, wenn ich nichts anderes kenne? Wie konnte ich auf die Idee gekommen sein, jemand anderer sein zu wollen, wenn ich immer nur ich war und immer ich sein werde und dadurch logischerweise nichts anderes kenne?

Wie konnte in mir der Gedanke „etwas anderes sein zu wollen" entstanden sein? Wie denn? Von wo denn? Wer hat nachgeholfen? Wer hat eingeflüstert? Wer hat mir etwas anderes gezeigt, was ich nie sein werden könnte? Wer hat mich belogen und betrogen? Wer hat leere Worte über nichts und noch mal nichts gesprochen?

Wer und warum?

Und warum ich?

Was sollte es demjenigen bringen? Ist das die Angst, die mich immer wieder plagt, weil ich nicht weiß, was sie mit mir vorhaben? Warum sollten sie sonst so viel Interesse an mir haben? Wieso sollten sie wollen, dass ich die ganze Zeit über versuche, jemand anderer zu werden, wenn sie wissen, dass es nicht geht? Ist es das, was mir Angst macht, zu wissen, dass sie wussten, dass es nicht geht und es trotzdem von mir wollten? Haben sie gedacht, ich bin blöd? Haben sie mit mir gespielt, haben sie sich auf meine Kosten amüsiert, gelacht? Ist es das, wovor ich Angst habe? Ausgelacht zu werden? Jemandem gerade erst so viel wert zu sein, dass er über mich lacht? Bin ich für nichts sonst gut? Ist sonst nichts weiter Interessantes an mir?

Was wollte ich, was würde ich wollen, dass an mir interessant ist, für was will ich gut sein? Ist es das, die Angst, dass ich nie gut genug sein werde, dass ich nie interessant genug werde? Aber für wen wollte ich denn interessant und gut genug sein? Für mich? Warum war ich mir nicht gut genug? Warum habe ich mich nicht interessant gefunden? Wie kann es sein, wenn ich nichts von „gut & schlecht", „gut & böse", „interessant & uninteressant" gewusst habe? Ich war doch ich, immer ich. Egal ob gut oder schlecht, mehr oder weniger, immer ich. Was hätte es für eine Rolle spielen sollen, besser sein zu wollen, wenn ich trotz dieser Bemühungen immer ich bin? Ist es das, meine Angst, zu wissen, dass ich nichts tun kann, trotz aller Bemühung immer ich bleibe und dass es die anderen merken? Unverbesserlich? Jenseits von interessant, alles andere als gut, immer nur ich? Habe ich deswegen das „ich" verdammt? Wollte ich es loswerden? Das, was mich immer und überall verfolgt, sich nicht verändern will, egal was ich auch tue? Habe ich es weggeschickt, spazieren geschickt? War ich stinksauer, verärgert, auf dieses mich immer verfolgende ich? Habe ich deswegen Angst, weil ich es weggeschickt habe, weil ich auf „ich" sauer, verärgert, sogar wütend war? Habe ich es beschimpft, verteufelt – weil es mir nicht dienen wollte, weil es nicht das tun wollte, was ich wollte? Wie geht das, warum habe ich mich beschimpft? Warum habe ich mich nicht ertragen können, warum wollte ich ohne mich sein? Wer hat mir eingeflüstert, dass das geht? Wer hat mir gezeigt wie man schimpft und wütend, verärgert wird, mit dem eigenen „ich" hadert? Wer? Wie käme ich alleine auf diese Idee? Ist das die Angst vor diesen Unbekannten, die scheinbar Interesse daran hatten, dass ich mich selbst in die Wüste schicke, von mir trenne, von mir nichts mehr wissen will? Warum ich? Warum haben sie so viel Interesse an mir? Was bin ich, wer bin ich? Warum, obwohl uninteressant, warum sind sie an mir interessiert gewesen?

Was ist passiert?

Was ist mit mir los?

Warum das Ganze?

Was ist das für eine verkehrte Welt hier?

Warum bin ich verkehrt? Bin ich das?

Wer will mich das glauben lassen? Warum? ... warum ... arum ...rum ...um ...m ...

... und die Sonne scheint, die Vögel zwitschern, es ist ein wunderschöner Tag ...

Unsichtbar gefangen

Was fühle ich jetzt? Will ich es wissen? Will ich es fühlen? Warum sonst würde ich nicht wissen, was ich fühle, warum sonst würde ich glauben, ich fühle nichts? Kann man nichts fühlen? Kann man das NICHTS fühlen. Gibt es ein NICHTS? Was interessiert mich das? Es geht um mich und mein Gefühl. Wo ist es? Warum will ich unbedingt etwas fühlen? Warum will ich das was ich fühle – nichts – nicht fühlen?

Was ist es jetzt in diesem Moment in mir? Hoffnungslosigkeit? Enttäuschung? Müdigkeit? Trotz? Schmerz? Panik? Und das nenne ich: Ich fühle nichts? Ich bin nur seltsam. Ich bin nicht fröhlich, ich bin nicht gut gestimmt, aber ich weiß nicht was ich bin, so wie ich jetzt bin.

Fehlt mir etwas oder habe ich von irgendetwas zu viel?

Was ist passiert, das mich in diesen Zustand von „nichts und nichts" und „Alles-ist-Scheiße" kommen ließ? Warum kann ich nicht lächeln? Warum kann ich nicht über meinen Schatten springen? Warum kann ich nicht zuhören? Warum will ich mich nur irgendwo vergraben, verstecken, in Ruhe gelassen werden? Will ich das? Schäme ich mich? Schäme ich mich für meinen Zustand? Will ich nicht, dass mich jemand so sieht? Ist es das, warum ich so bin: verschlossen, lasst mich in Ruhe, schaut mich nicht an, ich bin jetzt nicht da, bitte seht mich nicht, macht einen Bogen um mich? Will ich das wirklich? Unsichtbar sein? Alleine sein? Dass alle Bogen um mich machen? Wer – ich? Ich soll so etwas wollen? Nein, nein – dass kann doch nicht sein!!! Ich sehne mich nach Gesellschaft, ich sehne mich nach Begegnung, ich sehne mich danach, nicht alleine zu sein, ich sehne mich danach sichtbar zu sein, mich auszutauschen, zu kommunizieren, lebendig zu sein. Kann es sein, dass ich aber auch das andere will?

Warum will ich es, ohne es zu wissen, ohne mir darüber bewusst zu sein?

Warum verkrieche ich mich am liebsten in einem Loch und will dort aber nicht sein? Warum lausche ich sehnsüchtig allen Schritten im Außen, ob jemand kommt und mich erlöst, befreit?

Warum erlösen, warum befreien?

Bin ich im Gefängnis, gefangen, verdammt? Wie ist es dazu gekommen, wer hat mich verbannt? Und wer hütet jetzt den Schlüssel? Ich? Warum sperre ich dann nicht auf? Warum darf mich niemand berühren, warum darf mir niemand näher kommen, keine aufmunternden, tröstenden

Worte sprechen? Warum? Weil ich den Schlüssel habe? Warum sollte ich mich selbst einsperren, warum sollte ich mich selbst ins Asyl schicken?

Warum sollte ich es tun, wenn es sich so unangenehm anfühlt? Warum? Das kann doch nicht sein!!! Das ist doch nicht zum ersten Mal. Ich müsste es schon wissen. Ich bin doch nicht so blöd, dass ich mich selbst immer wieder irgendwohin schicke, einsperre, wo ich nicht sein will, wo es mir unangenehm ist, wo ich am Verzweifeln, am Verrückt werden bin, wo ich mich selbst nicht erkenne, wenn ich in einen Spiegel schaue. Nein, nein, das könnt ihr mir nicht einreden! Wirklich nicht. Ich bin möglicherweise ein wenig verrückt; aber dass ich mir selbst immer wieder das zufügen sollte, was ich nicht mag – überlegt doch mal, das wäre völlig unlogisch – warum, warum um Gotteswillen sollte ich das tun? Bestrafung? Selbststrafe? Wofür? Was habe ich getan? Was habe ich angestellt? Ich weiß nichts. Wie soll ich mich dann selbst bestrafen, wenn es mir nicht bewusst ist. Unbewusst? Unbewusst, für das, was ich unbewusst angestellt haben sollte? Warum bestrafen, wenn es unbewusst war?

Warum bestrafen, wenn ich etwas getan habe, was mir nicht bewusst war, was ich nicht wusste.

Nein, nein – das hört sich nicht nach mir an. Warum sollte ich mich bestrafen, wenn ich nicht wusste, was Strafe war?

Warum sollte ich etwas anstellen, mir zu Schulden kommen lassen, wenn ich nicht wusste, was Schuld war. Wer hat mich also schuldig gemacht, für schuldig befunden?

Wer hat es mir beigebracht, sich schuldig zu fühlen, und warum?

Warum sollte ich jemandem so wichtig sein, dass er mir unbedingt beibringen wollte, was ich nicht wusste, was ich nicht kannte und nicht wissen wollte. Wollte ich es nicht? Wie sollte ich es gewollt haben, wenn ich nicht wusste, dass es das gibt? Wie denn? Das geht doch nicht! **Also, warum wollte mir jemand zeigen, was Schuld und Strafe ist?** Muss ich deshalb jetzt büßen? Weil ich es gesehen, gespürt, erfahren habe? Aber wie konnte ich gesehen, erfahren haben – das, was es nicht gibt? Wie? Wo sollte es sein? Sieht man die Schuld auf der Straße spazieren? Sieht man die Bestrafung vor seinem Fenster warten? Ich sehe nichts. Wie könnte sie also wirken, wenn es sie nicht gibt?

Wie sollte ich Buße tun, für irgendetwas, was es nicht gibt? Ist es das, mein Zustand – **ich will büßen, meine Strafe absitzen, meine Schuld rückgängig, ungeschehen machen und ich weiß nicht wie?** Ich habe schon alles probiert. Ich habe versucht, die Schuld zu finden. Ich habe sogar alle möglichen Strafen ausprobiert, um die richtige Buße zu tun – und? Nichts. Nichts ist geschehen. Niemand ist gekommen und hat mir gesagt: du bist frei, es ist vorbei, du kannst gehen, es ist wieder alles gut, wir sind quitt. Wer soll denn kommen, wer soll mich freilassen, wer soll die Tür aufsperren, wenn es das alles nicht gibt? **Warum sitze ich dann aber hinter diesem unsichtbaren Gitter? Warum schaue ich durch das Gitter in die Welt hinaus und kann nicht dorthin?** Warum? Weil es das alles nicht gibt? Warum tue ich es mir dann an – diesen Zustand – so zu tun, als ob es das alles geben würde? Warum?

… und die Sonne scheint, die Vögel zwitschern, es ist ein wunderschöner Tag …

Liebe

Was ist Liebe? Wie fühlt sie sich an? Wie kann ich sie erfahren? Wie kann ich wissen, wann und in welcher Form sie da ist?

Wie fühle ich, wie empfinde ich die Liebe?

Was ist das, was ich als Liebe bezeichne und glaube zu kennen? Kann man Liebe fühlen? Kann man sie finden und erkennen? Oder liebe ich nur einfach und bin in Liebe? Bin ich vielleicht die Liebe? Ist es nicht nur das Gefühl der Liebe, was da ist? „Nur!?" ein Gefühl, eine Erfahrung, ein Erleben, ein „in-Liebe-sein"? Warum suche ich Liebe und nicht das Gefühl, das Liebesgefühl? Das ist doch das, was ich erleben, was ich wahrnehmen, empfinden will und kann – oder? **Nicht: Nähe, Wärme und Zärtlichkeit; sondern das Gefühl der Nähe, das Gefühl der Wärme, das Gefühl der Zärtlichkeit.** Da kann ich mir mehr helfen, mehr darunter vorstellen – unter diesem: ich will das Gefühl der Liebe empfinden, als unter: ich will lieben. Das kenne ich doch – dieses Empfinden. Das muss ich nicht suchen. Das weiß ich, das taucht immer wieder auf in meiner Welt – das: im Empfinden der Liebe zu sein. Die Sonne scheint, die Vögel zwitschern, es ist ein wunderschöner Tag, ich nehme eine sanfte Bewegung im meinem Herzen wahr <3

Ist Unsicherheit wahr?

Was fühle ich heute? Jetzt? Unsicherheit? Wirklich? Ist das wirklich Unsicherheit? Bin ich mir sicher? Wer kann mir sagen, was das ist, was sich da in mir ausbreitet, mich erfasst, mich verunsichert? Es lähmt mich. Ich habe das Gefühl, ich kann keinen Schritt mehr machen, ohne dass ich nicht links oder rechts, nach vorn oder nach hinten umkippe. Ich glaube, nicht zu wissen, wo ich bin. Ich glaube, nicht zu wissen, ob das, was ich gerade getan, gesagt habe oder sogar gedacht habe – ob das gut ist, was ich damit bewirken und tun will. Warum bin ich plötzlich so sehr unsicher, wenn ich vor einem Moment noch, während ich getan habe, keine Zweifel spürte? Weil ich mir so sicher war? Weil keine Fragen im Raum standen? Weil ich es wagte, einfach so zu sprechen und zu tun wie es sich sprach, wie ich es getan habe, so wie es gerade da war? Ohne wenn und aber, ohne vorher nachzudenken, abzuwägen, zu analysieren – ohne vorher um Zustimmung und Genehmigung zu flehen? Wie konnte ich es? Wie konnte ich es tun – nur so einfach tun? So unüberlegt handeln? So spontan? So intuitiv? So plötzlich? So frei?

Hat mich das Leben nicht gelehrt? Habe ich mir nicht oft genug die Finger verbrannt, in die gleiche Wunde geschnitten? Wie viele Lektionen muss ich noch einstecken? Wie oft muss

Ist Unsicherheit wahr?

noch diese Belehrung passieren, um dann zum tausendsten Mal den Kopf zu schütteln: „Wie konnte ich es nur tun?". Bin ich endgültig unverbesserlich, unbelehrbar? Warum will ich es nicht anders wissen? Warum will ich nicht zwei Mal messen, bevor ich schneide? Warum will ich nicht jedes Wort mehrmals in meinem Mund umdrehen, bevor ich es sage? Warum stehe ich nicht auf die Selbstzensur? Wie oft haben sie mich doch gewarnt. Wie oft haben sie es mir gesagt, was passieren kann, wohin das führen wird? Nicht oft genug? Warum glaube ich ihnen nicht? Warum höre ich nicht auf sie? Sind sie nicht vertrauenswürdig? Wenn es so ist, warum habe ich mit ihnen überhaupt gesprochen, warum habe ich mich volllabern, warum habe ich mich durcheinander bringen lassen? Und warum konnten sie mich dann schließlich verunsichern aus dem, was ich wusste?!

Was ist das hier für eine verkehrte Welt. Wo bin ich denn gelandet? **Einen Moment sicher, im Wissen, im Vertrauen, Handeln und Tun, in Zuversicht und Freude an allem, was ich tue – im nächsten Moment schon klein und eingeschüchtert wegen allem, was ich in Sicherheit getan habe.**

Wie unlogisch es auch klingt, wie unmöglich es auch scheint, **ich zweifle meine eigene Sicherheit an.** Zweifle ich? Meine eigene Sicherheit an? Warum? Wie soll das gehen? Wie kann man irgendetwas, was sicher war, anzweifeln, es unsicher machen? Das ist doch unmöglich! Das was sicher ist,

ist sicher, was unsicher ist, ist unsicher – oder sehe ich das falsch? Ist das nicht sicher, dass es so ist? **Ist die Sicherheit nicht sicher?** Brauchen wir als Menschen deswegen so viele Versicherungen und Policen, Alarmanlagen und Schlösser, weil die Sicherheit nicht sicher ist? Wieso nennen wir sie dann Sicherheit? Warum lässt man sich davon täuschen oder warum spricht man es mit einem verkehrten Namen an?

Warum hat man uns gelehrt, etwas Sicherheit zu nennen, was keine Sicherheit ist? Wie kann doch ein Stück Papier, eine bezahlte Gebühr, auch wenn regelmäßig und egal wie hoch, Sicherheit versprechen und erschaffen? Verschwinden durch eine Bezahlung, durch eine Unterschrift all die Gefahren? Verschwindet dadurch das, wovor ich mich fürchte oder bedeutet es nur, wenn die Unsicherheit noch immer da ist, dass ich nicht genug bezahlt, eine falsche Police abgeschlossen habe? Ist es deswegen, weswegen ich aufhörte, mich sicher zu fühlen oder an meiner Sicherheit zu zweifeln, weil ich lernte, dass die scheinbare Sicherheit gar nicht sicher sein kann? Ich lernte doch, dass etwas, das in einer Minute sicher erscheint, im nächsten Moment der Vergangenheit angehören, mein ganzes Leben auf dem Kopf stellen, alle meine Vorstellungen aus der Bahn werfen und mir das sicher geglaubte nehmen kann. Ist es das, was ich aus dieser Lektion lernen sollte, dass es die Sicherheit nicht gibt? Dass man auf nichts vertrauen kann? Dass ich mir nie sicher sein kann, egal was für ein Gefühl in mir herrscht?

Was für eine Welt ist es dann aber? Warum lebe ich in ihr? So eine verkehrte Welt – mit verdrehten Bezeichnungen, Begriffen und Worten.

Warum sollte ich in einer Welt leben, in der das, was Sicherheit heißt, gar keine Sicherheit ist?

Warum sollte ich in einer Welt leben, die mich das lehrt, was es gar nicht geben kann?

Warum lasse ich mich verunsichern, wenn ich es anders weiß, wenn ich es anders kenne? Ich brauche es doch nicht glauben, ich weiß es, ich habe es erfahren! **Ich fühlte es!** Ich brauche mich durch diese „UnSicherheit" nicht verwirren lassen. Ich weiß doch wie sich die sichere Gewissheit, das Wissen, anfühlt. Ich weiß, wie es ist, wenn es keine Zweifel gibt. Ich habe es doch gespürt, erfahren, gelebt – auch wenn nur einen Moment lang. Also warum zweifeln, warum verzagen, unglücklich sein? Was kann schon an dem Gefühl der Sicherheit falsch sein, **warum unsicher werden, anzweifeln – nur weil es diese eine Welt sagt?**

Ist es nicht so, dass gerade deswegen, weil ich immer wieder und immer öfter das sichere Gefühl erlebe, dass ich deshalb immer weniger im Zweifeln, im Ängstigen bin und dass, umso mehr die andere Welt im Kontrast zu mir ist und für mich mehr spürbar ist, ich immer unsicherer werde?

Verwechsele ich da nicht irgendetwas? Messe ich damit nicht meine Erfahrung des sicheren Gefühls an der Unsicherheit und Verunsicherung der Umgebung? Wie geht es aber? Wie kann man ein Gefühl mit einem Gedanken vergleichen? Kann ein Gefühl – mein Gefühl, mein Empfinden – falsch, verkehrt sein? Gefühl ist doch einfach, ob so oder so. Es fühlt sich an, man spürt es – ohne wenn und aber. Ein Gedanke ist das, was man bedenken, was man zerpflücken, umdrehen, analysieren kann. Ein Gefühl der Sicherheit, bedeckt durch den Gedanken der Unsicherheit? Den Gedanken, auf „was wenn" und „aber"? **Was, wenn die Sicherheit nicht sicher ist – aber! – was, wenn doch?!**

… und die Sonne scheint, die Vögel zwitschern, es ist ein wunderschöner Tag …

Uninteressant

Was ist das, was sich in mir tut? Was fühle ich? Unlust? Enttäuschung? Ekel? Nichtwollen? Trauer? Trotz? Muss ich es benennen? **Was, wenn es ein Gefühl ist, für das es keinen Namen gibt?**

Ist es nur eine Empfindung oder sind es mehrere? Macht es einen Unterschied? Wen interessiert das, ob eine oder mehrere? Der Gesamtzustand fühlt sich nicht gut an. Ich fühle mich nicht gut. Irgendwie ohne Ziel, ohne eine klare Linie – als hätte ich alles verloren.

Habe ich das? Die Ausrichtung verloren?

Ich bin überall und nirgendwo. Nichts Interessantes in meinem Blickfeld. Alles ungenügend, uninteressant, unbefriedigend. Ist es das? Sehe ich falsch? Habe ich mein Sehen verkürzt, verwinkelt, getrübt?

Warum sehe ich nur hoffnungslose Dinge? Was ist das in mir, was mich so sehen lässt? Kann ich es selbst sein? Warum sollte ich sonst so sehen? Warum sollte ich meinen Blick so scheinbar ungünstig ausrichten, dorthin, wo ich nichts Interessantes finden kann; wenn es aber doch überall sonst so viel Interessantes zu geben scheint? Oder ist es auch nur

Schein? Ist alles uninteressant oder ist alles interessant? **Warum diese Teilung? Warum diese Schubladen?** Eine für das Interessante, die zweite für das Uninteressante. Wer macht die Kategorien, drückt den Dingen ein Stempel auf? Wer hat mir gesagt, was in welche Schublade gehört? Wer lehrte mich, was für mich interessant ist und was nicht? Wer? Was? Warum? Weswegen? Warum fand man mich so interessant, dass man es mir beibringen wollte? Wollte ich es? Ich? Wie sollte ich es wollen, wenn ich von diesen Kategorien nichts wusste? Wie konnte ich danach fragen, wenn ich unwissend war? War ich es? Bin ich vielleicht ich selbst; der, der es sich beibrachte, der die Regeln aufstellte, der sich selbst dazu verleitete, in Kategorien zu denken, zu unterscheiden, zu urteilen und zu fühlen?

Wie kann man überhaupt in Kategorien fühlen? War es ausgerechnet diese Frage, die mir solch eine seltsame Erfahrung bescherte?

Und wenn ich es wollte, warum sollte es sich so unfreiwillig, so unlustig, so uninteressant anfühlen? Wenn ich es selbst wollte, dann musste es für mich doch interessant gewesen sein. Also könnte es sich jetzt nicht uninteressant, öde, fade anfühlen.

Ich spüre in mir keine Spur von Interesse für diesen eigenartigen Zustand. Warum ziehe ich ihn dann an? Warum ist er dann in mir, warum bin ich es? Wie habe ich es mir zugezogen und wie komme ich aus ihm wieder heraus?

Wegschauen? Nicht spüren? Sich ablenken?

Wie lenkt man sich von Unlust, von Enttäuschung ab? Ich weiß doch nicht einmal wovon ich enttäuscht sein sollte. Weswegen sollte ich unlustig sein? Oder weiß ich es doch und will ich es mir selbst nicht verraten? Oder: Ich sage es mir doch und ich höre mir nur nicht zu? Will ich nicht zuhören, will ich es nicht wissen? **Will ich nicht wissen, was ich weiß?** Warum? Wo ist die Logik? Würde ich denn fragen, wenn ich es nicht wissen wollen würde?

Was für eine Welt ist das hier? Was für eine Welt, in der ich gerade stecke? Alles scheint unlogisch, nichts kann man beantworten, nichts kann man erspüren. Jede Frage wirft eine weitere Frage auf. Was soll an dieser Welt lustig, freudig, spaßig sein? Wer hat mich hierher gebracht? Wer hat mir den Weg hierher gezeigt? Wer hat die Fahrkarte ausgestellt? Wer? Warum? Weswegen?

Oder ist es nur deswegen, weil ich weiß, wie es sich anfühlt, wenn ich interessiert bin, wenn ich in Freude und Begeisterung bin? **Ganz still, leise, unspektakulär – merke ich es kaum, weil ich im Tun bin. Im Tun dessen, was mich interessiert, was mir Spaß macht ... und ich weiß es gar nicht.**

Ich bin mir dessen nicht bewusst. Ist es das, weswegen man mich ab und zu in diese fremde, unwirkliche Welt entführt – damit ich den Unterschied erkenne; damit ich weiß? Muss ich zuerst das verlieren, was ich bereits habe, um mir dessen bewusst zu sein/zu werden? War, ist es so selbstverständlich? So unsichtbar? So nah? So normal? **Muss ich mich zuerst von dort, wo ich bereits bin, entfernen, um es zu sehen, zu erkennen, mir bewusst zu werden, um dorthin bewusst zurückzukehren?** Warum, warum sollte es so sein? Warum sind wir Menschen scheinbar blind, taub und gefühllos, wissenslos für alles, was wir bereits sind und haben? Warum? **Warum müssen wir auf so einem Wege der Entfremdung, der Entfernung, der Trennung genau das lernen, was uns bereits im Blut liegt? Warum müssen wir das lernen, was wir schon bereits wissen, was wir schon sind?** Warum?

… und die Sonne scheint, die Vögel zwitschern, es ist ein wunderschöner Tag …

Unklar

Es scheint mich Unklarheit zu plagen. Mein Kopf fühlt sich voll mit irgendeinem Ballast an, es drückt, ich sehe kaum von meiner Nase weiter weg. Im Nacken zwickt es, die Schultern drückt es runter, die Knie brennen, alles juckt. Ich fühle mich taub und blind, schmutzig, als hätte ich mich drei Wochen lang nicht gewaschen. Tausend kleine heiße Nadeln stecken an manchen Stellen des Körpers. Irgendwie kann ich mich nicht besinnen und auch rundherum scheint es keine Ruhe zu geben. Motorsägen, Rasenmäher heulen schon den zweiten Tag um die Wette vor unseren Fenstern, in der Nacht veranstalten verschnupfte Krähen ein wildes Konzert vorm Schlafzimmer. Und wenn es endlich ruhiger wird und die Sonne wieder ohne Ablenkung vor sich hin scheinen kann, dann springen mich aus den Zeitschriften lauter Ängste an. Und wenn ich mich vor der ganzen Verwirrung in den Schlaf flüchten will, holt mich alles in den Träumen ein.

Warum?

Warum lässt man mich nicht in Ruhe? Warum fühle ich mich verfolgt, gejagt? Wer oder was will mich finden, einholen, ausbremsen? Wer spinnt dunkle Netze über mich? Wer sollte das tun, und warum sogar in meinem Traum? Warum reißt er mich aus meiner Ruhe, meiner Zufriedenheit? Wer ist diese dunkle Gestalt? Wer ist dieser seltsame Besucher, den ich nicht eingeladen habe, den ich nicht gebeten habe? **Wem oder was habe ich einen Zugang zu mir gewährt, ohne dass er fragen muss?** Wer oder was sollte es sein? Warum sollte er ausgerechnet hinter mir her sein. Milliarden von Menschen leben auf dieser Erde und er ist ausgerechnet hinter mir her? Oder ist er hinter jedem von uns her auf der Jagd? Was habe ich verbrochen, was habe ich ihm angetan? Habe ich ihm sein ein und alles geklaut oder habe ich etwas was er/es haben will? Was sollte ich haben, wenn ich es selbst nicht weiß? Spukt er herum, damit ich merke was ich habe und er nicht? Ist das nur ein Spiel? Stiehlt er sich durch die Nacht, um mich meines versteckten Schatzes zu berauben? Warum sollte ich einen Schatz haben? Ich – irgendetwas Wertvolles haben … und es noch dazu verstecken … sogar vor mir Selbst? Warum? Damit ich mich nicht verrate? Damit ich mich nicht in Gefahr bringe? Wer will mir so etwas einreden?

Wer will mich nur so verwirren? Zur ewigen Unruhe anstiften? Warum sollte er/es das tun? Warum sollte er/es wollen, dass ich ruhelos den Rest meines Seins durch die Gegend laufe? Eingeschüchtert und klein, hinter jeder Ecke eine Gefahr ahnend, den Kopf zwischen den Schulter versteckend, sich zur Erde bückend, auf den Knien kriechend, sich am liebsten in die Erde vergrabend, eine Weile Ruhe in der grauen Dunkelheit findend und dann mit kleinen, zusammen gezwickten Augen der schneidenden, grellen Sonne entgegen zwinkernd. Warum sollte er/es wollen, dass ich mich verkrieche? Dass ich klein werde? Dass mir das Licht weh tut, mich (ver)brennt und schneidet, mir fremd wird? Warum lehrt er mich, sich in der Dunkelheit zu maskieren, damit mein Strahlen, mein Licht nicht gemerkt wird, damit es mich nicht verrät? Warum zeigt er mir, wie man sich in den dunkelsten Ecken sicher fühlt und am sichersten ist, wenn man nichts hat, nichts besitzt und nichts weiß, nicht einmal wer man selbst ist? Wozu sollte er das tun? Und warum sollte ich es ihm glauben? Warum sollte ich es befolgen? Warum sollte ich so ängstlich, so eingeschüchtert sein?

Was ist das bloß für eine Welt, in der ich mich gerade befinde, in der solch Verkehrtes möglich ist, **die die Maske, den Schlamm und die Dunkelheit, das Nichtwissen, das Sich verstecken, die Sicherheit zu bieten scheint?** Sicherheit? Warum? Habe ich sie nicht mehr gehabt? Habe ich sie überhaupt gebraucht? Was war sicher? Warum sicher? Dort, in der Welt, wo ich einst war, hat man so ein Zeug überhaupt nicht gebraucht. Ich ging, ich dachte, ich war einfach und alles war, so wie es war. Die Sonne schien, ich schaute, ich sprach und alles war wunderbar einfach. Und jetzt? Alles steht Kopf. Das Licht ist nicht mehr licht. Ich darf nicht mehr sein, wie ich bin. Ich darf nicht mehr gehen, wo ich gehe und ich darf nicht mehr wissen was ich weiß, nicht sehen und hören was ich sehe und höre. Ich muss so viel anderes lernen, aber von wem? Wer zeigt mir wie man sich am besten, am sichersten maskiert, wo das beste Versteck ist und wie ich, mein Leben, in der Verdrehtheit sicher ist? Wer erklärt mir, wo die Unsicherheit und die Bedrohung auf mich lauern? Ich weiß es doch nicht, ich komme scheinbar von einem anderen Planeten, dort haben wir dies alles nicht gebraucht.

Oh mein Kopf! Mein wunder Kopf. Er brummt. Ich kann das nicht mehr aushalten. Diese ewige Dunkelheit, dieses muffige Versteck, dieser Schlamm in meinem Gesicht. Warum sitze ich da, so erstarrt, mich nicht bewegend in diesem dubiosen Verlies – was ist das für ein Trick? Kommt jemand und sagt, wann das Spiel vorbei ist? **Wann es sicher ist, sich wieder auf die Oberfläche zu trauen, den Körper zu strecken, den Augen zu trauen?** Wie soll ich es wissen, wenn ich es nicht einmal wusste, dass es unsicher war. Ich spazierte durch die Welt – einfach so naiv und wusste nicht, dass ich mich gefährlich verhielt … so ohne mich selbst zu schützen. Wie sollte ich es auch? Ich wusste nicht, dass es so etwas wie Gefahr gibt. Warum sollte es das geben? Warum? Wer/was sollte sich so etwas ausdenken? Wozu, warum? Wer braucht es? Was bezweckt er damit?

Warum stehe ich nicht einfach auf und warum gehe ich nicht einfach? Aber wohin? Wo ist der sichere, der richtige Weg? Und warum denke ich wieder diesen Quatsch? Will ich also nur aufstehen und gehen oder suche ich wieder

Wer ist es der erkennt?

diese unheimliche Sicherheit? Warum spreche ich zu mir in Worten und Gedanken, die ich selbst nicht verstehe? Warum denke ich in mir so etwas Fremdes, das keinen Sinn ergibt? Ich will einfach aufstehen, ich will gehen, ich will wieder ich sein, mich wie ich verhalten. Ich bin doch ich. Ich war immer ich. Ob in Licht oder Dunkelheit, ob in Unsicherheit oder Sicherheit, wie kann mich eine mögliche Gefahr daran hindern, die nicht einmal sichtbar ist, dass ich ich bin? Nur weil es jemand sagte? Sagte er auch, dass ich nicht ich sein darf? Warum sollte er so etwas gesagt haben, das ist doch dumm, weil nicht möglich. In der dunkelsten Ecke, die es gibt, unter der schwärzesten Maske, die ich mir ins Gesicht schmierte, hinter dem verrenkten und steifsten Körper – war, bin und werde doch immer ich sein. Wirklich?

Bin ich wirklich immer ich? Wie weiß ich das? Wie kann ich mir sicher sein? Gibt es dafür Beweise? Aber wer soll ich sonst sein? Wer soll sonst gerade dieses denken? Wer soll sich sonst gerade nicht auskennen, wer soll sich sonst gerade den Kopf zerbrechen? Wem sonst soll dies alles seltsam und unlogisch vorkommen? Wer sonst sollte schon von diesem Spiel genug haben? Wer? Jemand anderer? Aber warum denkt er dann wie ich? Warum denke ich wie er? Das geht doch nicht – oder? Ich fühle mich doch. Ja, es mag sein, habe ich doch gesagt, der Körper fühlt sich aktuell fremd, steif und schmutzig an. Aber **wer ist es, der tastet, der die Entfremdung, die Steifheit, den Schmutz fühlt? Wer ist es, der erkennt, dass**

er sich so nicht wohlfühlt? Wer sonst, wenn nicht ich? Ist es das, um was es gegangen ist? Warum habe ich dieses ungeheure Spiel mitgespielt? Um zu erkennen, dass ich mich in der dunkelsten Ecke, auch wenn tief unter der Oberfläche, scheinbar von aller Welt entfernt, im erstarrten Körper verrenkt und im Schmutz ertränkt, trotzdem nicht verlieren kann und immer nur ich sein kann? Ist es die Erfahrung, die mir das scheinbar Dunkle bescheren wollte, zu sehen, dass mir das Dunkle, die unheimlichen Ecken, die Ratten, die Gefahr, die stickige Luft nichts anhaben können? Hat er mich überlistet und in dieses Fremde geführt, damit ich sehe, dass ich immer und überall sicher bin? Musste er mich zuerst die Unsicherheit lehren, damit ich es überhaupt verstehen kann? Aber was jetzt? Jetzt weiß ich über die Unsicherheit, über die Gefahren, über all das Bescheid. Mein Kopf ist voll ... voll davon. Ich weiß, ich lernte, hier unten, in der letzten Ecke, kann mir nichts passieren und ich weiß, ich sehne mich nach Licht und frischer Luft – aber! Wie kann ich wissen, dass die Gefahr nicht gerade dort oben droht? Nur, weil ich hier keine Gefahr entdeckte? Wie kann ich wissen, dass mich das Licht nicht blenden, nicht verbrennen, nicht auslöschen, für immer ausradieren wird – dass dann das endgültige Ende von meinem Ich kommt?

Was denke ich wieder für einen Quatsch! Aufwachen! Das kann doch nicht wahr sein! Ich war doch oben! Ich bin doch Ewigkeiten durch die lichten, sonnigen Welten spaziert, ohne dass mir etwas passierte. Warum sollte ich Angst haben? Warum sollte ich jetzt überhaupt so etwas Beängstigendes denken? Wie komme ich überhaupt auf solche Ideen? Nur weil ich, wenn ich einst durch ein kleines Loch nach außen sah, mir die Augen reiben, sie zusammen zwicken musste? Weil es sich kurz so anfühlte, als ob es sich tief bis zum Gehirn durchbrennen würde, das wenige Licht, das ich aus der Dunkelheit heraus erblickte? Aber ist es nicht logisch, wenn ich hier so lange Zeit hockte, dass ich es nicht gewohnt bin, dass ich mich der Dunkelheit angepasst habe? Ich weiß doch, dass es eine Zeit lang dauerte, bis ich lernte, mich unter der Oberfläche, in dem Schattigen, Kühlen, Feuchten, Dämmerigen und Düsteren zu orientieren. Nach und nach stellte ich mich darauf ein.

Warum glaube ich, da oben gleich ohne Umstellung von heute auf morgen – wieder wie damals – sorglos herumgehen zu können? Ich muss mich doch zuerst erinnern, ich muss probieren, ich muss sehen, wie und auf welche Weise es geht.

Oh, ich habe so viel zu tun! Aber warum? Warum sollte ich es tun? Warum diesen kaputten Körper, der so versteift ist, in Bewegung bringen? Alles tut weh, jede neue, ungewohnte Bewegung, alles ist anstrengend, alles viel zu umständlich, viel zu viel Arbeit. Wofür? Für einen Spaziergang an der Sonne, wie ich es kenne, den ich bereits Millionen Male gemacht

Unklar

habe? Was sollte es mir bringen? Ich bin doch hier auch ich. Also wozu die ganze Mühe? Für die paar Sonnenstrahlen, an die ich mich zuerst wieder gewöhnen muss? Wegen der frischen Luft, die mich vielleicht im ersten Moment erstickt? Ich bin so müde, ich bin so (ur)alt. Ich will nicht mehr. Ja es war für einen kurzen Moment eine gute Idee, aufzustehen und sich zu bewegen. Das hat mir ein wenig Hoffnung, ein wenig Licht, ein wenig Beschäftigung in dieses dunkle Loch gebracht. Ich kann es aber nicht, ich kann es nicht mehr. Zu müde, zu steif, zu träge, ohne ein Ziel. Wer oder was hat mich so kaputt gemacht? Wer hat mir so ausweglos zu denken beigebracht? Wer hat mich zu diesem hoffnungslosen, aufgegebenen, alten, müden Fall gemacht? Wie konnte es nur passieren. Das war ich doch nicht, so habe ich niemals gedacht. Ja wie sollte ich auch – ich wusste nicht was alt, müde, träge, aufgegeben, desorientiert und hoffnungslos war. Ich war ich, und das die ganze Zeit über. Also gibt es das doch, dass ich nicht ich bin. **Wie könnte ich sonst das sein, was ich nie war?** Bin ich das? Bin ich das wirklich? Wie soll ich es wissen? Wie komme ich überhaupt darauf? Und ist es hundertprozentig wahr, dass ich alt bin, dass ich träge, dass ich hilflos bin, dass ich aufgegeben habe und desorientiert bin? Ist das nicht wieder nur ein Schein?

Glaube ich nicht nur das, was ich in der Dunkelheit sehe und spüre? Ein Schatten an der Wand? Eine Verzerrung? Wie soll ich es anders wissen, ob ich wirklich das alles bin, diese

Trägheit, die Müdigkeit, das Alte, das Gebrochene, wenn ich zuerst nicht die dreckigen, alten, stinkenden Kleider von mir reiße, wenn ich den Schlamm nicht abwasche, wenn ich doch nicht ein paar Schritte probiere? Was, wenn ich irgendetwas zu sein glaube, was ich gar nicht bin? Was, wenn ich doch das bin, was ich immer war, also: ich mit ewigem Elan? Wie kann ich es aber wissen?

Soll ich es riskieren? Meine letzte Hoffnung auf die letzte Sicherheit der Zurückgezogenheit aufgeben? Was, wenn ich nach der ganzen Entschlammung und Demaskierung erfahre, dass ich doch nicht mehr ich bin? Was bleibt mir dann? Wer denkt dann noch? Wer fühlt dann noch den Rest von dem, was noch zu fühlen hier in dieser Ecke übrig geblieben ist? Warum riskieren? Warum, wenn ich so auch weiter leben kann wie bis jetzt? Aber … !? Wäre ich mein altes Ich, würde ich so denken? Würde ich mich ängstigen? Würde ich nicht riskieren wollen? Würde ich es nicht wissen wollen? Also bin ich es doch nicht – zumindest nicht mein altes Ich! Ja wie sollte ich es auch sein? Das alte Ich wusste ja von diesem Loch, von diesem Schlamm, der Dunkelheit, der Müdigkeit, der Trägheit und Unsicherheit nichts. Es kann leicht sagen: gehe!, riskiere!, tue!, erfahre! Würde ich auch tun, würde ich von dem Ganzen nichts wissen … Moment … Moment mal …! Was war das gerade? Würde ich auch tun? Habe ich es richtig gehört, richtig gedacht? Habe ich gerade wie mein altes Ich gedacht? Ist es da? Es ist in mir?! Hallooo?! Bist du in mir?! Bin ich das? Habe ich mich nicht verlassen, und das unwissende Ich, hat alles mit mir die ganze Zeit mitgemacht? Und trotzdem sagt es noch immer, es würde es machen, riskieren, aufstehen und gehen? O-o! Oh! Ich ... ich bin das ...?! Tränen – Freude – Heureka! Ja, aber dann nichts wie ran! Aber ... Moment mal ... was, wenn es da oben gar nichts mehr gibt? Hey, lass gut sein, wen interessiert das?! Aber ... was, wenn du wieder auf die Nase fällst? Egal! Ich mache die Tür auf ...

———

... und die Sonne scheint, die Vögel zwitschern, es ist ein wunderschöner Tag ...

Im Kreis

Jetzt sitze ich da und bin ratlos. Vor einem Moment war ich voll Elan, neuer Ideen, wusste ganz genau, was ich zu tun habe – die Tür war aufgegangen. Ich konnte es spüren, ich glaubte, das Gefühl zu haben, zu wissen, dass es das Richtige war, was aufgetaucht ist. Ich glaubte, es fühlte sich gut an. Ich war voller Zuversicht und erfüllt von Tatendrang. **Einfach den Schritt setzen und tun.** Endlich. Endlich war dieses Gefühl wieder da.

Und? Ich glaubte zum ersten Schritt anzusetzen, ich hob meinen Fuß …? Mittendrin, während mein Fuß in der Luft schwebte, war auf einmal alles weg. Der Fuß fiel wie aus der Leere ins Nichts. Ich habe scheinbar einen Schritt ins Nichts getan. Warum? Was war passiert? Ich erinnere mich doch noch. Ich wollte tun und ich spürte das, was ich tun wollte. Die Gedanken waren da, eine klare Linie, die Lebendigkeit. Alles nur ein Schein? Einbildung? Illusion? Täuschung? Verführung? Wer redete es mir ein und klaute es mir dann einfach wieder? Wer hat mich angestiftet, einen Schritt ins Nichts zu tun? Warum? Warum? Warum …?

Ich forsche in mir … ich suche … ich versuche, mich zu erinnern an das, was schon da war, was ich spürte … und nichts. Keine Spur. Alles weg. Keine Gedanken, keine Erinnerungen, nur eine vage Ahnung, dass da vor eine Weile etwas Lebendiges war, etwas, dem ich folgen wollte, wo ich hin wollte. Tat ich möglicherweise einen falschen Schritt? Ließ ich mich, während der Fuß durch die Luft seinen Weg machte, verunsichern? War ich wackelig unterwegs, verlor mein Gleichgewicht, weil ich nur auf einem Fuß stand, weil ich ausgleichen musste? Fiel deswegen der Fuß auf den falschen Platz, wurde in die falsche Richtung gedreht? Ins Nichts? Dort, wo ich nichts zu suchen, nichts zu tun habe und nichts finde? Warum? Warum bin ich und zum wievielten Male dort gelandet? Wie konnte es so knapp neben meinem ersehnten Schritt sein? Einen Lufthauch der Verunsicherung, um Haaresbreite von meiner ursprünglichen Absicht entfernt ... und schon scheint alles wieder völlig fremd, trostlos, hoffnungslos, ärgerlich und mühsam zu sein. Warum?

Wie können diese unfreundlichen Dinge so nah neben der Lebendigkeit und Klarheit weilen?

Oder war die Klarheit keine Klarheit, die Lebendigkeit keine Lebendigkeit – nur eingebildet, nur Trug und Schein? Warum diese Verwirrungen, warum diese Unklarheiten, diese Verschiedenheiten? Warum ist alles so schwer? Ein einfacher Schritt, den ich sorglos in eine einzige Richtung machte, erwies sich als falsch. Oder nicht? War er doch richtig? Punktgenau platziert. Das wäre doch ein Scherz, nicht wahr? Richtig? Richtig sollte dieser gerade verpatzte Schritt sein? Daneben. Neben meiner Absicht. Wer will mir einreden, dass ausgerechnet dort, wo ich jetzt gelandet bin, dass dies meine Absicht war? Wer will mir einreden, dass ich mich so fühlen wollte, wie ich mich gerade fühle? Wer will mir einreden, dass ich aus dem Fluss, aus dem Schreiten und Tun herausfallen wollte?

Bin ich das?

Was fühle ich eigentlich wirklich? Habe ich es nicht gerade beschrieben? War das kein Gefühl? Gibt es noch etwas, was hier oder in mir zu fühlen ist? Ja, mag sein. Ärger? Wut? Unverständnis? Verteuflung? Verteufle ich den Moment, wo ich den Fuß hob und den Schritt tat?

Verteufle ich mich selbst? Warum? Warum tue ich das? Warum dieser Ärger und die Wut? Auf wen? Auf was? Auf den Schritt? Oder auf den Platz, wo ich gelandet bin? Oder auf irgendeinen ominösen Verführer, der mich hierher brachte? Wo ist er, wer ist er? Hat ihn schon einmal jemand gesehen? Ich, ich war es doch, der den Schritt tat und tun wollte. **Ich dachte, ich komme wo an.** Bin ich doch! Warum dachte ich nur, ich komme dort in Leichtigkeit und Freude, in Klarheit und Lebendigkeit an. Warum, nur weil ich von dort gestartet bin? Ja – dort war es leicht. Dort, wo ich war, habe ich es schon gekannt. Dort, wo ich angekommen bin, ist es neu – Neuland. Wie kam ich auf die Idee zu wissen, wo mich mein Schritt hinführt? Wie kam ich auf die Idee, die Landung, das Ziel, vom Start abzuleiten? **Wie kam ich auf die Idee, zu glauben, zu wissen, was mich dort, wo ich noch nie war, erwartet? Wie kam ich auf die Idee, zu glauben, dass das, was ich mit meinem nächsten Schritt betrete, bekannt und kein Neuland ist? Es wäre doch kein neuer Schritt, würde er mich ins Bekannte führen.** Oder?

Und jetzt? Will mir jemand einreden, dass jeder neue Schritt so beschwerlich, so verwirrend ist/wird/sein muss – dass sich jedes „Neuland" nach nichts anfühlt?

Wer will mir so etwas einreden und warum kann ich ihm das nicht abkaufen? Ganz einfach. **Ich spürte doch, wohin es führt, wohin es führen sollte, wohin es mich gerufen hat. So war ich bereits dort!** Mein Geist, ich, war dort – also habe ich nicht erwartet, Neuland zu betreten. Ich war schon dort, nur der Körper, der Körper musste nachziehen und … ich weiß nicht, was geschehen ist. Der Körper landete und auf einmal war alles fort. Warum? Warum, wenn ich schon dort war, wenn ich den Platz fixierte, wenn ich schon tat – im Geiste. Der Körper, der Körper hätte nur nachkommen, die Ärmel hochkrempeln und tun, umsetzen müssen – das, was im Geiste bereits erfolgte. Warum funktionierte es also nicht? Quatsch! **Tausende**

Male erfuhr ich, dass es geht. Also warum diesmal nicht?
Hatte sich der Geist geirrt? War es der falsche Geist? Oder hat er irgendetwas erwartet, geplant, einkalkuliert, was der Körper nicht konnte. Geist, Körper, Seele – wo bleibe ich? Wer denkt an mich? Was spielt es für eine Rolle? Was ist dieser Geist, der vorausplant, voraus reagiert, voraus tut? Was ist dieser Körper, der nachkommen muss, der immer zu spät zu sein scheint, der unbeholfen und unfähig ist, der immer wieder die falsche Fährte aufnehmen kann? Was ist das für eine Welt hier und was hat sie mit mir zu tun? Warum ist alles so kompliziert? Der eine scheint immer in der Zukunft zu sein und der andere versucht, dort etwas zu tun, was für den einen Vergangenheit ist. Was für ein Spiel?! Wie soll das je funktionieren? Die können sich doch nie wirklich begegnen, zusammenarbeiten, wirken. Oder? Wer dachte sich nur so etwas Unmögliches aus? Wozu sollte es gut sein? Wohin sollte es führen? Eine bloße Erfindung des Geistes? Ein Schwachsinn.

Das kann doch nicht wahr sein!? Oder? Verflixt nochmal – was hat das Ganze mit mir zu tun?

Was – hat – das – Ganze – mit – mir – zu – tun?

Wie soll ich aus diesem Spiel rauskommen?

Wie kann ich einfach ich sein? Wie kann ich tun und schreiten – einfach so, wie ich tue und schreite? Wie

kann ich denken und fühlen – einfach so, wie ich denke und fühle? Wie kann ich sein, einfach so, wie ich bin?

Wie? Hilfe! Bitte Hilfe!

Und warum schreie ich schon wieder in die Zukunft? **Warum will ich irgendetwas sein, als wäre ich es noch nicht?**

Wer soll mir helfen und wie?

Wie soll mir jemand helfen, etwas zu sein, was ich bereits schon bin?

Von wo soll die Hilfe kommen? Wie soll mir jemand zeigen, wie ich nicht gestern oder morgen, sondern heute, jetzt, das werde, was ich bereits bin? Was ist das für eine Logik? Warum bitte ich um so etwas? Warum fällt mir so eine Sinnlosigkeit ein? Warum glaube ich überhaupt, dass ich nicht in meinem Sein bin? Wäre ich es nicht, könnte ich dies doch nicht denken. Warum rede ich mir selbst so etwas Verkehrtes ein? Warum?

Nur, weil mir nicht gefällt, was ich gerade denke und fühle? Nur, weil ich gerne etwas anderes hätte? Warum das? Warum bin ich mit mir nicht zufrieden? Warum glaube ich, dass ich nicht ich bin? Warum traue ich mir solche Gedanken und Gefühle nicht zu? Warum? Wer hat mir eingeredet, dass das nicht ich bin, wenn ich so etwas wahrnehme und empfinde? Wie ändere ich irgendetwas, wovon ich nicht weiß, wie ich dazu gekommen bin? Wie? Ist es nicht ein unendlicher Kreis? Das berühmte Sich-im-Kreis-drehen? Wer, was hat mich dort eingeschlossen? Wie habe ich mich in so eine Situation gebracht? Warum will ich irgendetwas verändern, wovon ich nicht weiß, was überhaupt und wie es geschehen ist? Warum will ich mich verändern – ist es das, was mir nicht passt? Und warum glaube ich, dass es nicht gut ist, dass es nicht genug ist?

Warum nehme ich mich selbst nicht an?

Warum vertraue ich mir nicht? Warum suche ich ein anderes, ein besseres Ich? Warum glaube ich, dass dieses Ich schlecht, schlechter ist? Wo soll ich ein anderes Ich finden, wenn ich ich bin. Wer oder was lässt mich so verkehrt denken? Wer oder was lässt mich in so einem endlosen Kreis drehen? **Wer bin ich, dass ich mich ständig in so einem Kreis drehe? Warum reicht es mir nicht? Warum steige ich nicht aus?** Und: tue ich es wirklich?

Was für ein Spiel? Was für ein Zweck? Was für ein Sinn? Was für ein Ziel?

Wen interessiert das? Wer braucht diese Dinge eigentlich: Zweck, Sinn, Ziel? Warum nicht einfach so sein, wie es gerade ist? Warum nicht? **Warum muss/soll alles einen Sinn und Zweck haben?** Warum? Wer sagt das? Nur, weil ich irgendwo in mir glaube zu wissen, dass alles Sinn hat, muss es doch nicht auch in dieser Welt, in diesem Kreis, einen Sinn geben. Vielleicht es das ein sinnloser Kreis?! Alles und überall muss in dieser Welt nicht alles und überall heißen. Vielleicht heißt es nichts und nirgendwo. Wer weiß das schon? Bei all den Verwirrungen ... Was kann man hier überhaupt wissen, spüren, denken ...? Nichts? Sich?

Ist es das, warum ich hier bin? Damit ich nicht abgelenkt bin? Damit ich im Nichts nur mich spüren kann? Warum sollte ich das tun? Warum sollte ich so eine brutale Art gewählt haben, in ein Nichts hineinzuspazieren, um mich zu spüren? Aber ... wollte ich es doch nicht noch vor ein paar Minuten? Wollte ich nicht gerade das haben? Habe ich nicht um die Hilfe geschrien? Wollte ich nicht zu mir geführt werden, ich sein? War das also die Hilfe? Sich im Nichts zu erkennen – auch in dem, von dem man nichts hält? Kein Wunder, dass ich dann im Nichts gelandet bin. **Das Nichts zeigt auf, dass mein selbst gedachtes Nichts, nicht Nichts ist.**

Genial! Spinne ich schon total?

Und was jetzt? Wie komme ich jetzt wieder raus? Soll ich überhaupt rauskommen? Aus was? Aus mir? Warum, warum bin ich so unsicher? Warum kann ich es nicht glauben, dass das, was sich so seltsam anfühlt, ich bin? Ich verstehe es nicht, warum ich mich für mich selbst seltsam anfühlen sollte. Warum?

Bin ich denn für mich nicht immer gleich?

Bin ich mir nicht immer und überall bekannt? Ist es nicht das Einzige, egal, wohin ich den Fuß setze, egal wo ich lande, was ich immer (er)kennen kann? Das klingt für mich logisch.

Was für eine Welt ist das, in der mir das Verkehrte, das Unlogische eingeredet wird? Was für eine Welt, die mir glaubhaft machen will, dass ich mich selbst fremd anfühlen kann?

Wie soll das gehen?

Durch Täuschung, durch Blenden, durch Verwirren, durch Ablenken? Wie sollte es funktionieren? Bin ich trotz diesen (Hilfs)Mitteln nicht immer ich? Ist es diesen möglich, mich irgendwie von mir selbst so zu trennen, dass ich dann an meinem Zusammenfügen arbeiten muss? Wie sollte es? Ich bin ich – ob durcheinander oder heil – im Gleichgewicht. Täuschung? Es mag sein, dass ich getäuscht wurde, aber ich (!) ließ mich täuschen – hm, und jetzt weiß ich, was mir an mir nicht gefiel. Verblendung? Es mag sein, dass ich mich blenden ließ. Aber wie es auch war, ich (!) ließ es zu – und jetzt weiß ich, was mir an mir nicht gefiel. Ich war jedes Mal ich.

Ich im Erleben und Erfahren von dem Täuschen, Blenden, Verwirren, Ablenken und wahrscheinlich von hunderten anderer Dinge. Jedoch war ich immer ich. Ich habe darauf, ob mit Wohl- oder Unwohlsein, reagiert. Ich ging damit so oder so um, wie ich bin. Punkt und basta. Was sonst. Wozu noch weitere Diskussionen? Was spielt es für eine Rolle … warum, weswegen … wen interessiert das? Mich? … und der Kreis geht schon wieder los! Hilfe! Habe ich nichts anderes zu tun? Bitte … Hilfe … ich weiß nicht, was hier los ist, wer den Startknopf drückt. Ich weiß nicht was mit mir los ist. Bitte, bitte lieber Gott – hole mich hier raus. Danke!

… und die Sonne scheint, die Vögel zwitschern, es ist ein wunderschöner Tag …

AUFWACHEN UND GEHEN

Meine Augen brennen wieder, die Füße sind kalt, ein Stechen im Nacken, Druck in den Schultern, als würde ich in einer Klammer liegen. Und der Kopf? Der Kopf ist leer und gleichzeitig voll mit nichts und wieder nichts. Schleier und Nebel aus Nichts. Was sollte mich sonst hindern, die Augen zu öffnen und das Licht zu sehen? Das Atmen fällt mir schwer, ich bekomme fast keine Luft. Überall in mir ist es eng. Die Beine und Hände sind wie mit Beton übergossen, wollen sich kaum bewegen und wenn doch, dann kommt dieser unvermeidliche Schmerz. Und der Bauch? Wer will noch über den Bauch reden? Ist der noch lebendig? Er teilt mir doch kein Gefühl mehr mit, alles wie tot und wenn, dann gibt er nur Ärger preis. Etwas wälzt sich dort von einer Seite auf die andere, quetscht sich irgendwo durch und bläht mich auf. Wie ein Luftballon fühle ich mich an und habe das Gefühl, ich passe nirgendwo mehr durch, der ganze Körper spielt mir einen Streich. Die Zähne wollen nicht mehr beißen, das Zahnfleisch blutet, die Kieferknochen drücken auf mein Hirn. In den Ohren saust es nicht einmal, es fühlt sich schwammig an und ein ekeliges Wärmegefühl breitet sich aus – so, als wären sie voll mit Eiter, aber es ist nichts da. Kann es sein, dass es einfach das Nichts ist, das sich so ungeheuerlich, so ekelig anfühlt, das mich quält, zu Boden drückt, mich nicht aufstehen lässt? Nichts – das mir zu schaffen macht und mir glaubhaft macht, dass ich alt und nicht mehr zu gebrauchen bin, dass ich mich von selbst nicht mehr bewegen, nicht aufstehen – nicht tun will, was ich kann? Sogar denken kann ich nicht mehr und außer diesen Schmerzen kann ich auch nichts fühlen.

Nichts und wieder nichts. Weit und breit sehe ich nichts, was mich so kaputt machen könnte. Es gibt keinen Grund dafür, ich weiß keinen. Was habe ich nur getan? Auf was habe ich mich eingelassen, womit habe ich es mir verdient? Habe ich etwas verbrochen? Sitze ich eine Strafe ab? Ist es das, worum es geht? Absitzen, ausharren, durchhalten, büßen, Schulden abbezahlen? Bis es soweit ist, bis mir jemand sagt: „Es ist aus und vorbei, du bist sauber, du bist frei, du kannst gehen."? **Aber wer soll kommen, wer soll es mir sagen, wer macht mich frei?** Habe ich je hier jemanden gesehen? Jemanden, der kommt und kontrolliert, schaut. wie ich mich „mache" – ob ich voranschreite, büße, abarbeite, abbezahle? Ob es schon bald soweit ist? Habe ich schon je jemanden zu mir sagen hören: „Bald hast du es geschafft ..." oder „Wenn du so und so bist, dann kommst du raus ..." oder „Lass dies und das. Das hilft dir nicht weiter, damit tust du dir nichts Gutes ..." ?

Nein, niemanden habe ich je gehört, gesehen. Wie soll ich also wissen, wann es soweit ist, wann ich soweit bin? Tag und

Was macht dich frei?

Nacht, Nacht und Tag. Alles ist gleich. Und ich weiß nicht einmal warum, weswegen. Was habe ich verbrochen? Das ist meine größte Qual. Würde ich es wissen, könnte ich vielleicht spüren, was ich alles zu tun habe, um es gut zu machen. Aber ich weiß es nicht. Warum, warum weiß ich es nicht? Vielleicht, weil ich es nicht getan habe? Ist ein Unrecht geschehen? Ein Irrtum? Sitze ich für jemand anderen etwas ab? Warum sollte ich? Daran kann ich mich auch nicht erinnern, sonst könnte ich klagen, nach Gerechtigkeit rufen, einen Richter verlangen. Aber ich weiß es nicht, ich weiß nichts. Alles ist leer. Warum? Weil vielleicht nichts war und nichts ist? Kein Verbrechen, keine schlechte Tat.

Warum bin ich dann aber hier und warum ist es überall dunkel? Warum bin ich alleine und warum diese unheimliche Angst? Warum der Druck, die Enge? Warum heiß und kalt? Warum das Stechen und Beißen und der ekelige Gestank? Warum? Warum faule ich bei lebendigem Leibe? Warum? Weil ich vielleicht gar nicht mehr lebendig bin? Bin ich Tod? Bin ich das? Ich oder mein Körper? Körper oder ich? Ich denke doch noch! Ich bin noch, aber der Körper, der hat sich so lange kaum bewegt, mir kaum gedient. Oder doch? Ich weiß es nicht. Ich weiß es nicht. Ich weiß nicht, was ich da denke. Meine Sinne sind abgestumpft, mein Verstand getrübt. Verwirrung in mir und überall – wie soll es nur weitergehen? Gehen? Gehen ... und wie? Mit diesem Körper, der bald zerfällt? Alt, uralt ist er geworden. Was mag an dem noch gut sein?

Warum kommt niemand? Niemand, wirklich niemand ... und holt mich hier raus? Warum fehle ich keinem, warum gibt keiner eine Fahndung nach mir raus? Bin ich ein Niemand? Bin ich selbst keiner und einer? Alles ist so verzwickt, alles ist so unheimlich, alles ist so dunkel und unerklärbar. Wo habe ich mich denn verstrickt?

Die Welt der Verwirrung, der reinen Verirrung – das ist es ... hier wo ich bin. Nichts ist so, wie es ist und alles ist so, wie es ist. Nichts ist so, wie ich es mir vorstellen kann und will. Alles ist fraglich, fragwürdig, äußerst merkwürdig. Auch diese meine Art. **Wer spricht aus mir, wer denkt in mir, das ist doch nicht meins.** Warum, wieso, weswegen? Warum ich? Ich habe doch nichts getan. Warum sollte ich? Ich war doch ich, solange ich es noch war. Und das Ich ... das ich war ... stellte doch nichts an. Es war licht, es war unschuldig, es war lebendig – alles nur ein Schein? Nein, nein – ich kann mich erinnern. Ja – das war ich einmal. Ich spürte es, ich fühlte es, ich wusste es. Ich. Mein altes liebes Ich. Aber warum dann? Warum?

Was spielt es für eine Rolle, was damals war? Vielleicht wäre es besser, zu denken – was wird dann? Wann? Dann? Wann ist dann? In wieviel Zeit? **Wieviel Zeit muss** ich hier **noch verstreichen lassen**, bis es dann ist, **bis ich wieder leben kann?** Bis ich wieder denken und fühlen kann? Warum dann? Warum erst dann? **Warum nicht jetzt?** Jetzt? Jetzt!

Was macht dich frei?

Meinst du jetzt gleich? Hey! Jetzt habe ich dich, jetzt habe ich dich erkannt! Wer bist du? Warum sprichst du zu mir? Warum solltest du es auf einmal tun? Warst du immer da? Hörte ich dich nicht? Warum tue ich es auf einmal? Schon wieder nur diese Fragen!!! Fragen auf Fragen ... Wozu sind sie gut? Moment! Aber Moment mal – was hast du eben gesagt? Das war irgendwie interessant! Ich muss mich zurückerinnern, ich weiß, ich habe dich gehört. Ich habe es: Warum nicht jetzt? – Das hast du gefragt. Warum nicht jetzt? ... warum nicht jetzt ... warum nicht jetzt ... Ich verliere mich wieder, ich kann mich nicht konzentrieren ... Ich kann es nicht verstehen, ich kann nicht glauben, was du meinst.

Glaubst du, das wäre wirklich möglich? Jetzt gleich? Nein ..., nein, nein – das kann nicht sein. O doch! O doch? Du meinst doch? Wirklich doch? Wieso sollte ich dir glauben, warum sollte ich dir zuhören? Wer bist du, du Unbekannter aus der Dunkelheit? Bist du der Tod? Willst du mich holen? Ist es schon so weit? Ist es der Weg, der einzige, den ich noch gehen kann? Nein ... Warum redest du schon wieder zu mir? Habe ich dich gefragt? Und was meinst du mit: „Nein"? Nein! Nein, nein, nein. Ja das kann ich auch sagen, aber was meinst du damit? Was hast du denn gefragt? Habe ich gefragt? Ach was – ich frage doch ständig etwas, das ist doch das Einzige, was ich noch kann. Wer hört denn noch meinen Fragen zu? Ich! Du? Warum? Warum solltest du es? Bist du mein Geist? Meine Seele? Ja und Nein. Du bist ja schlau! Warum sagst du immer etwas, was mir nichts sagt? Wenn du schon mit mir reden willst, dann sag das, was ich wissen will, verstehen kann. Gut! Gut? Du meinst, du kannst mir alles sagen? Alles?

Ja kann ich.

Na da bin ich gespannt.

Ich auch, ob du schon zuhören kannst …

Ich warte …

Ja, ich auch.

Auf was?

Das du etwas fragst, du bist so still – auf einmal.

Ja …

…

So habe ich dich schon lange nicht gesehen …

hm … es fällt mir nichts ein …

Warum? Du hast doch bis jetzt ständig etwas gefragt!

Ja, aber es war niemand da. Ich tat es nur so für mich. Ich war doch so einsam.

Und jetzt?

Jetzt bist du da.

Und?

Ich weiß nicht ... auf einmal ist mir alles egal. Alles ist so still. Ruhig. Entspannt. Ich bin müde. Entschuldige, es fällt mir wirklich keine Frage, nichts mehr ein.

Es ist alles getan!

Wirklich? Alles?

Alles.

Das heißt ... ich kann gehen?

Ja, du kannst gehen.

hm ... wirklich? Ich kann wirklich wirklich gehen?

Warum gehst du endlich nicht? Warum stehst du nicht auf und machst einen Schritt? Warum bewegst du dich nicht???

Aufwachen und gehen

hm ..., ich weiß nicht ..., glaube, ich muss mich zuerst ausruhen ..., bevor ich gehe ..., ich muss mich vorbereiten ..., ich muss es mir überlegen ..., ich muss soviel tun ...

Ach was? Was musst du tun? Was musst du vorbereiten? Was musst du überlegen? Warum ausruhen ...? Hast du nicht schon genug vor all dem getan?

hm ...

...

...

...

Steh ... steh auf und geh!

hm ... jetzt? Jetzt schon? Jetzt gleich? Ich weiß nicht ... wohin?

Geh! Ge-he! Ge-he einfach, geh!

...

ausruhen, ich muss mich ausruhen ..., ich werde gehen, ich werde aufstehen ..., ich werde dann ..., ich werde ..., ich ...

Aufstehen! Aufwachen! Nicht wieder einschlafen! Gehen! Aufstehen!

...

Aufwachen!

...

Gehen!

Geeehen! Geeeeeeeeee-hen! Hörst du!

... mach endlich einen Schritt!

uhm ..., gleich ...

... und die Sonne scheint, die Vögel zwitschern, es ist ein wunderschöner Tag ...

Teil 3

Nachwort

Erwachen im MenschSein

Jetzt bin ich aber platt. Gerade habe ich die vorigen Zeilen fertig geschrieben und da überkam mich so ein seltsames Gefühl, eine Art Traurigkeit, dass dieses hier auch gerade zu Ende ist. Wie ist das möglich? Ich habe doch noch so viele Themen, so viele Fragen. Es scheint mir so viel unbeantwortet und ungeklärt geblieben. Alle hier angesprochene Themen sind meiner Meinung nach nur berührt, nicht durchleuchtet, nicht ins „klare Licht" gerückt. Sie wecken weitere Fragen, sie geben keine endgültigen Antworten – oder?

Ja genau! Das ist eine – im Rahmen des momentan Möglichen – ziemlich treffliche Beschreibung. Keine endgültigen Antworten bzw. Wahrheiten. Kein – so ist es und basta! – sondern: „Schaut mal, man kann die Problematik, das Thema, auch so betrachten. Was sagt ihr dazu? Wie seht ihr das? Es geht hier doch um ein Gespräch – oder?

Ja das sehe ich ein, aber warum dann jetzt schon der plötzliche Schluss? Warum nicht weiter reden, weiter austauschen?

Zuerst einmal würden sich die Menschen schnell daran gewöhnen, dass man für sie alles anspricht und, dass sie selbst nicht „nachzusinnen" brauchen. Man sagt ihnen: „Schau mal da, schau mal dort. Wie siehst du das, und was sagst du dazu?" Das menschliche System ist träge geworden. Wirtschaft, Regierung, Kirche, Schule, Systeme, Konzepte und Medien denken für die Menschen, weisen ihnen die Richtung, sagen ihnen, wo sie hinschauen sollen, was sie sagen sollen, wie und was sie wahrnehmen sollen und wohin sie sich hinbewegen sollen bzw. wo sie ankommen sollen. Wie sollte es auch anderes auf einer Bühne, in einem Schauspiel sein, das einem Drehbuch folgt?

Aber hier ... hier geht es jetzt ums Erwachen.

Das heißt, diejenigen, die diese Werke in die Hand bekommen haben, fühlten sich vom Thema „Erwachen" angesprochen, berührt bzw. wollen aus innerem Impuls oder weil die Zeit für sie gekommen war, erwachen. Hier gibt es ein paar Gespräche, ein paar Andeutungen, ein paar Impulse, aber zu erwachen heißt: „Selbst zu wollen". Jeder muss einen kleinen Beitrag für sich selbst leisten. Eigene Gedanken erkennen, eigene Fragen stellen, eigene Ansichten und Vorstellungen durchleuchten, eigene Schritte wagen in eigener Zeit, eigenem Tempo – jenseits dessen, was andere sagen oder schreiben.

Gut, ich/wir habe(n) jetzt mehrere Bücher zum Thema „Erwachen im menschlichen Sein" geschrieben. Ist jetzt für mich mit dem Thema Erwachen bzw. den ErwachenThemen in der schriftlichen Form endgültig ein Schluss?

Wir haben zuletzt eine Trilogie[7] geschrieben. Warum dreifach? Weil es verschiedene Menschen gibt, die in verschiedenen Stadien ihrer Entwicklung sind, die unterschiedlich ihre Schritte ansetzen und im Moment verschiedene Sprachen verstehen. Einer mag es lieber symbolisch, damit er genug Freiraum für eigene Gedanken hat, für einen anderen kann es nicht deutlich genug sein.

„Erwachen im MenschSein" ist ein Auftakt, der Menschen näher zu bringen versucht, was für Fragen bzw. Themen während des Erwachens auftauchen können und, dass sie normal sind. Man kennt es doch von einem „normalen" Schlaf – man will nicht immer gleich aus den Federn springen, man bleibt oft lieber liegen und möchte weiter schlafen, als an einem verregneten Tag aufzustehen.

Erwachen ist nicht einfach. Der Schlaf hängt noch schwer auf den Lidern. Man braucht oft eine kalte Dusche, um seinen Kreislauf anzukurbeln, das Leben wieder in den Körper zu bringen. Es ist nicht selten, dass einige noch den halben, wenn nicht ganzen Tag, die Energien oder Bilder der Traumwelten verfolgen. Sie wissen nicht so richtig wo sie sind, auf welcher Seite sie sich befinden (noch im Traum oder schon in der Realität). Man möchte sich am liebsten zwicken, sich die Augen reiben, um zu spüren, zu wissen – den Nebel zu vertreiben.

---
7 *Erwachen im MenschSein, BewusstseinsCoaching 1 und 2*

Wieso sollte es beim „Erwachen" anders sein, wenn das ganze Leben (auf der Bühne) in sich ein Symbol ist?

Wie gesagt ... Erwachen ist ein Anfang, damit etwas folgen kann. Deswegen sind wir jetzt am „Schluss", damit etwas folgen kann.

Gibt es noch Fragen zu diesem Thema, zu diesem Buch, der Trilogie?

Ja noch eine, die mich ein wenig plagt – wer bist du?

Wer ist „Coach"?

Ich weiß, du stellst die Frage nicht von ungefähr. Ich weiß, es liegt dir am Herzen, dieses Thema auch für den Leser ein wenig zu klären, damit sich nicht unnötig die Ebenen bzw. Welten vermischen oder Unklarheiten entstehen.

Ich sage es mal so: Manche Menschen sind sich einer Energie, die für sie wahrnehmbar wurde, bewusst geworden. Und sie suchten einen Namen dafür, so wie Menschen für alles einen Namen suchen. Ohne Namen würde diese Welt kaum existieren. Wir haben uns entschieden, in diesem Fall namenlos zu bleiben. Coach, geistiger Coach, Bewusstseinscoach sind Begriffe, mit denen wir uns helfen, wenn es persönlicher sein sollte. Auf eine gewisse Weise handelt es sich um eine umwandelnde, transformierende Energie, die klärt, anspricht, sichtbar macht – ohne Umschweife, ohne sich „ein Blatt vor den Mund zu nehmen". Sie begegnet Menschen dort, wo sie sich gerade (in ihrer Entwicklung) befinden und spricht für sie das an, was sie gerade brauchen. Jeder Mensch nimmt sich aus dem Text und Subtext genau das für ihn Richtige.

Also, wenn ich euch einen Rat geben kann: Sucht hinter der Energie, die in den BewusstseinsCoaching-Büchern als Coach auftritt, die ein Synonym für Bewusstseinstransformation geworden ist, keinen Menschen. Sucht hinter dem Namen euer Gefühl, euer Gespür, eure Wahrnehmung. Jedem – jedem einzelnen von euch kann nur das begegnen, was er braucht, für was er bereit ist.

Das verstehe ich alles, aber dann taucht bei mir doch noch eine Frage auf. Warum ein BewusstseinsCoach? Die Menschen hatten doch schon einen oder mehrere Namen, mehrere Gestalten als ein Symbol, eine Ausrichtung, eine Hilfe. Zum Beispiel Jesus. Warum konnte man nicht bei Jesus bleiben, warum brauchte man überhaupt einen geistigen Coach, wenn alles eins sein soll?

Das ist auch nicht schwer zu beantworten und zu verstehen.

In den letzten zweitausend Jahren haben die Menschen in den Namen Jesus so einiges hineininterpretiert. Aus der Menschlichkeit begrenzten sie unbewusst Jesus. Sie machten aus ihm ein Symbol für Zweierlei. Das eine Lager sieht in Jesus den Märtyrer, den Leidenden, Verfolgten, den sich Opfernden usw.; die anderen sehen in ihm den Übermenschlichen, den Verständnisvollen, Tröstenden, Gütigen, Besänftigenden, Gnädigen, Liebevollen und Liebenden. Das alles brauchten die Menschen und das ist auch gut so. Das Problem ist, aus diesem heraus wären Menschen verwirrt gewesen, hätte Jesus zu ihnen plötzlich entgegen ihren Vorstellungen gesprochen, sie zurechtgewiesen, das Verkehrte unmissverständlich angesprochen. Aber das brauchen viele Menschen jetzt, ihre Vorstellungen loszulassen, sie zu transformieren, um ihr eigenes Wissen und Bewusstsein zu heben. Und dazu brauchen verschiedene Menschen verschiedene (Qualitäten von) Coaches, wie im „wahren" Leben. Der eine braucht einen „netten" Lehrer, der andere einen „strengeren", der eine zuerst einen streichelnden, der alles in nette Worte verpackt, ein anderer würde, aufgrund seiner Erfahrungen, den gleichen als Misstrauen erweckend bezeichnen – weil zu „süß", zu „nett" usw.

Wir haben einen BewusstseinsCoach gewählt, dem man ab und zu mal seine Strenge oder seinen schmunzelnden Sarkasmus, mit dem er gewisse verfahrene Menschlichkeiten aufzeigt, verzeiht.

Ob Jesus oder BewusstseinsCoach oder ein anderer Erleuchteter, Aufgestiegener, Meister – man kann es sich mit Hilfe des in diesem Buch vermittelten Bildes vorstellen, wie man möchte. Sie – die Coaches – sind die Frau oder der Mann an eurer Seite, ruhig sitzend, neben euch im Zug, die sonnige Landschaft mit den zwitschernden Vögeln – die euch nicht aus den Augenwinkeln verlierenden und trotzdem bei euch weilend; geduldig wartend, begleitend.

Ihr seid nie alleine ...

Aktuelle Informationen zu Seminaren, Workshops und anderen Veranstaltungen der BewusstseinsAkademie®, sowie zu weiteren Büchern, die im Verlag der BewusstseinsAkademie® erschienen sind, finden Sie unter:

www.BewusstseinsAkademie.com

Aktuelle Artikel der Autorin Kristina Hazler sowie Informationen zu Ihrer Beratungs-, Coaching-, Training- und Therapietätigkeit u.a. auch zum Thema Hochsensibilität, Genialität, Aspektologie ... und ganzheitlichen physischen, psychischen und energetischen Konditionsaufbau finden Sie unter:

www.KristinaHazler.com

Bücher der Autorin, aktuelle Textartikel und Ausbildungseinheiten zum Download, finden Sie in unserem online-Shop wo Sie auch Seminare und Beratung direkt buchen können:

www.BewusstseinsWelten.com

Der Mensch und seine Heilung

Das göttliche Puzzle

ISBN: 978-3-903014-00-8

Mit viel Gefühl und Phantasie führt die Autorin die Leserinnen und Leser mittels bunten Gedankenbildern und anschaulichen Beispielen durch die spannenden Zeilen des Buches und fordert sie auf, aus den eingefahrenen und vorgegebenen Vorstellungen, Überzeugungen und Verhaltensmuster auszusteigen, besser in sich selbst hinein zu hören und sich mehr bewusst zu werden. Akribisch, detailgenau und physisch fast spürbar legt sie den Beweis vor, wie der erste Schritt zur Heilung im eigenen Erkennen liegt.

Eine wahre Geschichte

Die Heilerin und der Einweihungsweg

ISBN: 978-3-903014-22-0

Das Buch „Die Heilerin und der Einweihungsweg" beschreibt eine wahre Geschichte mit einem gänzlich subjektiven Inhalt: „Viele Monate verbrachten wir damit, unser Glück mit eingeweihten Methoden zu bemühen. Wir sandten heilende Energien auch in unsere Vergangenheit und unsere frühere Leben um die Blockaden zu lösen, die sich scheinbar „unglücklich" auf unser aktuelles Dasein auswirkten. Aber! ... Unsere Lektionen in der Welt der Wunder und des Wunderns waren noch lange nicht zu Ende."

Erwachen im MenschSein

Das Experiment

ISBN: 978-3-903014-03-9

„Das Experiment – Erwachen im MenschSein" ist ein aufregender, intensiver und geistig stark fordernder Roman zur Selbsterkenntnis und Selbstfindung mit intuitiven Heilungselementen. Die durch eine Vielzahl von Spannungselementen, plastischen Darstellungen und überraschenden Wendungen geprägte Geschichte eignet sich für den Leser hervorragend als Begleit- und Hilfsmittel zum eigenen Unbewussten und Erkennen des eigenen Ich.

BewusstseinsCoaching 1

Das menschliche Paradoxon

ISBN: 978-3-903014-04-6

Die als Bewusstseinscoach erfolgreiche Autorin beschreibt im Teil 1 der mitreißenden CoachingDialogen sehr persönlich und anschaulich die Möglichkeiten einer bewussteren Erfahrung unseres Selbst und unseres eigenen Lebens. Sie nimmt in ihren Geschichten den Leser mit auf eine packende Reise zum Verstehen und Erkennen des eigenen Ich. Durch eine ganz andere Betrachtungsweise und aus einem völlig veränderten Blickwinkel heraus leistet Kristina Hazler Hilfestellung, die Probleme etwas anders zu betrachten und zu erleben.

BewusstseinsCoaching 3

Die Kunst der bewussten Wahrnehmung

ISBN: 978-3-903014-01-5

Dieses Buch ist der 3. Teil der aufbauenden Bewusstseins-Coaching-Reihe und beleuchtet die „Kunst der bewussten Wahrnehmung", wie auch die vielen „Warum"-Fragen, die in unserem Leben auftauchen. Nach der verkehrten Logik aus dem Band 2 führt dieser Band wieder einige neue Begriffe, wie zum Beispiel den Wissenstransfer, ein und stellt die Technik der Kontrastmittel und der bewussten Wahrnehmung als weitere BewusstseinsInstrumente vor, während er uns nach und nach in einen Zustand begleitet, in dem wir fähig sind, unser eigenes „höheres" Wissen ins Menschliche zu bringen, zu transportieren.

BewusstseinsCoaching 4

Grenzgänge I

ISBN: 978-3-903014-02-2

Wir leben in der Zeit der geistigen und seelischen Herausforderung. Wir überschreiten täglich unsere persönlichen (Schatten) Grenzen, die uns durch Erziehung und Ausbildung in die Wiege gelegt worden sind. Und doch sollen wir uns immer wieder ein Stück aus dem Geschehen herausnehmen, um kein gejagter und getriebener Grenzgänger zu sein und einen Augenblick in der Liebe zu all den Grenzen, die wir bereits passiert haben, zu verweilen, um uns selbst, dank ihnen, in einem Spiegel der erfolgreich gemeisterten Herausforderungen zu sehen und anzunehmen.

BewusstseinsCoaching 5

Grenzgänge II

ISBN: 978-3-903014-05-3

Dieses Buch ist der zweite Teil von „Grenzgänge", das als Teil 1 im Band 4 von BewusstseinsCoaching erschienen ist. Die „Grenzgänge" beleuchten verschiedene Arten von Blockaden, die uns unbewusst in Form von inneren Grenzen, energetischen Stauseen und Dämmen, die uns in einer Art künstlicher Welt einsperren, unseren Horizont verengen und das berühmte Hamsterrad am Laufen halten. Und was wenn die Grenzen fallen und die Dämme brechen und die Energie, das Bewusstsein, sich wieder zu bewegen beginnen? Worauf sollten wir achten um optimal auf „Neues" vorbereitet zu sein?

BewusstseinsCoaching 6

Die innere Instanz

ISBN: 978-3-903014-22-0

Das Lebendige, das Schöpferische hat von sich selbst aus einen SINN, seinen eigenen Sinn. Es existiert, ist in der eigenen Sinnhaftigkeit immer und jetzt. Es existiert im Sinn unabhängig von der verzerrten Wahrnehmung, unabhängig davon, ob es das Auge erkennt oder nicht. Man braucht dem keinen Sinn zu verleihen. Es ist sinnvoll. Diese ewige, immerwährende Sinnhaftigkeit erkennt man nicht mit den (bloßen) Augen. Die Sinnhaftigkeit spürt und lebt man. Man schwingt mit, wenn man sich für die Sinnhaftigkeit entscheidet, wenn man sich auf sie einlässt.

www.ingramcontent.com/pod-product-compliance
Lightning Source LLC
Chambersburg PA
CBHW062213080426
42734CB00010B/1874